POR UNA VIDA PLENA

POR UNA VIDA PLENA

APROVECHA
TUS EXPERIENCIAS
DE VIDA Y LOGRA
EL MÁXIMO
BIENESTAR

ERNESTO D'ALESSIO

COORDINACIÓN EDITORIAL
JOSÉ ANDRADE LAURENT

AGUILAR ®

Por una vida plena
D.R.© 2014, Ernesto D'alessio

De esta edición:
D. R. © Santillana Ediciones Generales, S.A. de C.V., 2014.
Av. Río Mixcoac 274, Col. Acacias.
México, 03240, D.F. Teléfono: (55) 54 20 75 30
www.librosaguilar.com/mx
t: @AguilarMexico
f: /aguilarmexico

Primera edición: junio de 2014.
ISBN: 978-607-11-3220-8

Coordinación editorial: José Andrade Laurent

Diseño de cubierta: Jesús Manuel Guedea Cordero / Departamento de Diseño Santillana Ediciones Generales.

Fotografía del autor: archivo personal de Ernesto D'alessio

Impreso en México

PRISA EDICIONES

Dedico este libro a mis grandes maestros en la vida, sin ellos mi existencia no estaría completa y no tendría sentido.

A mi esposa Charito, la dueña de mi corazón, le agradezco porque todos los días con su ejemplo me enseña el amor más puro que he visto en la vida: mi niña linda, cuando te veo cobran vida la palabras con las que la humanidad puede llegar a trascender: comprensión, servicio incondicional, paciencia, cariño y amor. Te amo.

A mis hijos, a mis maestros de tiempo completo, les doy las gracias porque ellos me enseñaron a ser mucho más agradecido con mis padres. Al tratar de ser el mejor papá para Jorge, Sara, Priscila y Mateo, comprendí como nunca, todo lo que mis papás hicieron por mi: ustedes llenan de significado mi vida. Los amo.

Y a José Andrade Laurent, quien me ayudó a escribir este libro, su gran ayuda me permitió hacer este sueño realidad.

ÍNDICE

INTRODUCCIÓN

Vivimos en un mundo hermosamente complejo. El mundo que existía cuando nuestros padres nacieron ya no es el mismo, cambió de forma radical. Tanto, que de seguro ni nuestros padres lo reconocen, y mucho menos nosotros. Estamos en constante cambio y aunque vivimos conectados a internet y en apariencia tenemos toda la información disponible, lo cierto es que habitamos un mundo donde pocas veces encontramos sabiduría, la llave para enfrentarnos a la vida.

Las recomendaciones de tus padres, de tus abuelos, de las personas que te quieren nunca podrán ser sustituidas por lo que escuches en televisión o lo que haya en internet. Este libro se basa en todos los consejos que me han dado mi familia y las personas que amo, y en mi experiencia. Gran parte de su contenido está basado en lo que amigos y compañeros de trabajo me han enseñado. Todo empezó cuando escuché a alguien decir: "Si yo hubiera sabido… quizá mi vida sería diferente."

Cumplir cuarenta años debe ser una fiesta. Es la alegría de estar en la mejor parte de tu vida. Es una desgracia llegar a los cuarenta y no definir aún nuestro rumbo o nuestro estilo de vida. Hay una gran diferencia entre cumplir cuarenta años y ser un cuarentón.

Por ello, te presento ideas de verdad muy importantes para que las lleves a la práctica. Algunas son sencillas, otras son un poco más complejas, pero lo esencial es que son consejos de personas que, por haber ignorado esta información, tuvieron muchos problemas o no pudieron aprovechar su vida de la mejor manera. Todos los capítulos están basados en errores de personas que, por no saberlo, pagaron consecuencias muy altas. Seguramente desperdiciaron dinero y tiempo, quizá perdieron relaciones o todavía no han podido resolver sus problemas. Pero no te asustes. También te presento muchos casos de éxito, dignos de imitarse. Por todo esto, el libro que te presento es muy valioso, por lo menos lo es para mí.

Te invito a leer detenidamente cada capítulo. Puedes hacerlo de principio a fin, o puedes elegir los apartados que más te interesen y después revisar los que hayas dejado pendientes.

Finalmente, espero que atesores todos los consejos, tanto como yo.

ERNESTO D'ALESSIO

1

—∿∿∿—

Tu vida ya empezó

UANDO ERAS NIÑO, muchas veces te preguntaron: "¿Qué vas a hacer cuando seas grande?" Y ahora que vas por la calle, muchas veces los niños te han dicho: "Buenas tardes, señor." Con esta frase te dijeron: "¡Bienvenido! Ya eres grande." Tu vida se inició desde que naciste, pero lamentablemente nadie te envío una notificación para avisarte.

Los años han pasado y ahora estás en la mejor etapa de tu vida. Y es también ahora cuando todo lo que estudiaste, lo que has trabajado y lo que has aprendido tiene sentido. Y si no le has encontrado ese sentido, estoy seguro de que deberías revisar cada experiencia vivida. La vida nos va llenando de información y de sentimientos que nos permiten descubrir el lado más hermoso y significativo de nuestro camino.

Durante los primeros años, a la mayoría de nosotros, nuestros padres o alguna persona de confianza nos dijo lo que debíamos hacer: "Báñate, péinate, ve a la escuela." Cuando fuiste adolescente se limitaron a brindarte consejos y a darte más libertades.

Ahora tienes tu carácter definido. Ya sabes lo que quieres hacer. Tienes claro lo que es bueno y malo; también te has relacionado con la gente que amas. Los adolescentes cambian de opinión, son muy influenciables por sus compañeros, por la televisión, por las opiniones de terceros; un día pueden opinar algo y al siguiente tienen la postura contraria. En este momento de tu vida ya sabes lo que crees, lo que piensas y también tienes un rumbo establecido. Escuchas tu propia opinión basada en lo que deseas. Tus convicciones son más firmes y sólo podrías cambiarlas si encuentras argumentos valiosos que modifiquen tu punto de vista.

Pero ahora que estás en una etapa adulta, seguro enfrentarás problemas muy complejos, de los que no tienes la información necesaria que ayude a resolverlos. Las nuevas tecnologías, la información y la ciencia nos ofrecen retos para los cuales no estamos preparados. Todo esto no debe estresarte. La vida sigue siendo la misma, aunque las cosas hayan cambiado de forma radical. Nosotros crecimos cuando no había facebook, ni teléfonos inteligentes; crecimos con amigos reales, para nosotros lo virtual no existía... ¿Existe ahora? Crecimos en un país donde podíamos caminar por las calles a cualquier hora, donde los niños encontraban siempre las puertas de sus vecinos abiertas y ni siquiera habíamos escuchado sobre la inseguridad. Sin embargo, ahora estamos familiarizados con palabras como "globalización" y "aldea global". No sé si lo recuerdes, pero las noticias importantes nunca se podían transmitir en vivo, porque las imágenes tardaban en llegar muchas horas o incluso días. Ahora todo es instantáneo, podemos ver imágenes en vivo de cualquier parte del mundo. No sólo nos llegan noticias de extraños, sino que podemos saber dónde están nuestros amigos y conocidos en tiempo real. Desde esta perspectiva, podemos decir que el internet nos acerca. Pero yo creo que también nos aleja. Antes en tu cumpleaños tus amigos te llamaban por teléfono, ahora te escriben "felicidades" en tu muro y eso es todo.

La mayoría de nuestros padres nos educó para respetar a nuestros mayores, llegar a tiempo a la escuela y al trabajo. Nuestra vida era muy convencional. Quizá convivimos con niños que venían de otras ciudades o de otras colonias. Ahora nuestros hijos conviven con niños de otros países que muchas veces no hablan español.

Estos ejemplos simples sólo muestran que enfrentamos un mundo para el que no nos prepararon. Todos los días surgen nuevas enfermedades, nuevas formas sociales alternativas. Ahora los mecánicos, por ejemplo, deben saber computación porque los coches tienen chips y una computadora les dice de qué está descompuesto. No sólo necesitamos hablar inglés, sino que ahora el chino es un idioma cada vez más importante. Nuestro mundo es novedoso y cambia constantemente. No se trata de vivir en la nostalgia, sino de enfrentar el momento. Esto me ayuda a establecer que el futuro siempre será incierto, nunca sabremos qué pasará...

Te recomiendo enfocar tu esfuerzo en vivir en el presente. Cuando eras niño, te preocupaba a qué te dedicarías cuando crecieras, vivías pensando en el futuro. Te imaginabas dónde vivirías, qué harías, eso te impidió disfrutar tu adolescencia y, quizá, hasta tu niñez. No repitas ese error, vive en el presente, disfruta tu edad porque el presente tan sólo es un instante.

Tampoco pienses de manera obsesiva en tu futuro, tu vida no empezará cuando seas anciano o cuando te hayas jubilado. Tu vida está aquí, en tus manos, puedes hacer lo que quieras. Es cierto, no olvides que algún día serás viejo, pero concéntrate en este momento, en lo que haces ahora, disfruta que ya no hay nadie que te diga todo lo que debes hacer y disfruta que eres una persona independiente de movimiento, de pensamiento, y que en esta edad, eres fuerte, saludable y todo esto, es aquí y es ahora.

Hace algunos años platiqué con un amigo a quien veo rara vez. Me estaba contando sobre su trabajo en una institución financiera. Por unos instantes me explicó en qué consistía su trabajo y, después, sin darme cuenta, toda la plática se centró en su jubilación. Me dijo todo lo que haría, a dónde iría y todos los planes para ejecutar cuando llegara ese momento. Me hablaba solo de ese día (que, por cierto, era muy lejano, todavía lo es). Cualquiera diría que había abandonado su presente para enfocarse por completo en el día de su retiro. La vida no empezará cuando por fin le digan que ya trabajó lo suficiente; su vida empezó hace muchos años y, por alguna razón, nadie le avisó.

No tomes un trabajo esperando a que llegue otro. No hagas las cosas "mientras" sucede algo más importante. No tengas una relación "en lo que llega" una persona que ames. No desperdicies el tiempo "mientras" esperas a la persona de tu cita. No vivas "mientras" sobrevives.

Es muy común encontrarse con personas que creen que siguen siendo muy jóvenes. Normalmente son el alma de las fiestas, conocen a todo mundo, tienen un trabajo que les permite pagar las cuentas, pero no les representa ningún esfuerzo. Todos ellos creen que la juventud será para siempre. Suponen que las cosas siempre serán sencillas y no ahorran, todo lo dejan para después o imaginan que alguien los rescatará de sus compromisos económicos cuando sea necesario. Evitan esforzarse, cambian de trabajo con mucha facilidad y, aunque son personas inteligentes, no explotan su potencial, porque en realidad creen que hay mucho tiempo disponible, pero todos sabemos que no es así. ¿No les recuerda la fábula de *La cigarra y la hormiga*?

Como actor de teatro, voy a muchas audiciones. Quizá algunas personas piensen que estoy en mi casa y me llueven ofertas de trabajo para presentarme en alguna obra, pero tu trabajo y el mío no son tan diferentes. Me presento en las audiciones, algunas veces me dicen que el papel es mío y en otras no me va tan bien. En la fila, conozco a mucha gente, curiosamente todos ellos me dicen que viven para el teatro y que una oportunidad es lo único que desean. Lo curioso es que muchas de estas personas sólo los veo una vez, el amor al teatro se termina cuando les dan el primer no.

Debemos tener muy claro lo que deseamos porque nuestra vida ya empezó. En la adolescencia pudimos darnos el lujo de dedicarnos a una actividad y después a otra. Pero ahora adquirimos experiencia y debemos capitalizarla. Por supuesto que tenemos el derecho de empezar de nuevo, lo cual no significa que nos olvidemos de todas las experiencias aprendidas en nuestra vida.

Me sorprende que haya tantas personas que no se dan cuenta de su propia existencia, no se han dado cuenta de que su vida ya empezó. Así que van por ahí dañando, buscando su propio beneficio, a pesar de los demás. Creen que sus acciones no tendrán consecuencias o que éstas no serán importantes. Podríamos recordar el caso de muchos hombres que tienen hijos con una mujer y luego con otra, y de ninguno son responsables; es como si fueran niños haciendo travesuras.

Tu vida ya empezó. Y aunque te deseo muchos años de vida, el tiempo que estaremos en la tierra es limitado. ¡Aprovéchalo! No te quedes inmóvil observando cómo las personas que crecieron junto a ti se van desarrollando. No te quedes en la banca, es tiempo de que salgas a jugar y seas el héroe de tu propio partido.

A mí me gusta mucho el futbol, le voy a los Pumas. Un día me lastimé un tendón y me dolía mucho al caminar. Pude haberme quedado sentado en lo que me reponía, pero encontré que el dolor me recuerda que estoy vivo. Así que a pesar del dolor tuve que seguir con mi vida normal. Tenía que presentarme en muchos lugares de trabajo y a citas importantes. No puedo decir que me acostumbré al dolor, porque te mentiría. El dolor es incómodo y muy molesto, pero es parte de nuestra vida.

¿Qué dolor tienes? ¿Te hirieron cuando eras niño? ¿Te lastimó una maestra o tu papá? Por supuesto, ese dolor no lo podemos negar, muchas veces lo recuerdas, pero te pido que ese sufrimiento no lo uses como un freno. Hay personas que no tuvieron el dinero suficiente para pagar una medicina cuando eran niños y se comprometieron a salir adelante y tener siempre dinero suficiente para enfrentar los problemas que llegaran. ¿Y sabes qué sucedió? ¡Lo lograron!

Me imagino que la vida es como una carrera de coches, todos empezamos en el punto de inicio. Unos empiezan a correr más rápido, otros son un poco más lentos, algunos podrían chocar, quizá alguno se descomponga y le tengan que dar algún tipo de mantenimiento o reparación. Hay muchas diferencias entre todos los competidores, pero lo único que no cambia es el tiempo. Todos los competidores, aunque decidan estacionarse, están usando su tiempo. Un competidor seguirá corriendo a pesar de todo, algunas veces lento y otra veces un poco más rápido, pero siempre seguirá corriendo. ¿Te detuviste? Es tiempo de que regreses a la carrera. ¿Chocaste? No te preocupes, esas cicatrices sólo te harán sentirte orgulloso de cada paso que diste durante tu vida. Por fortuna, aunque muchos lleguen a su meta, tú sigues teniendo la oportunidad de competir. Mientras tengas vida, podrás seguir en la carrera. Es cierto, hay competidores que hacen trampa... ¡Tú debes seguir corriendo a pesar de eso! También hay competidores que necesitarán tu ayuda, ¡ofrécela! Pero sigue corriendo.

En la carrera de la vida, es muy probable encontrar personas que te apoyen. ¡Disfrútalo! Trata de ser fiel y leal con las personas que son de tu equipo. Me parece muy triste cuando alguien abusa de la confianza o traiciona a sus amigos. Porque estas personas también son competidores de su propia carrera, no choques a propósito con ellos. Cuida el corazón de las personas, porque en su corazón está la vida.

Tuve una amiga muy cercana. Desde que creció, era la niña de su papá. Siempre le daban lo mejor, la atendían muy bien y, por supuesto, se sentía amada y querida. Los años pasaron y cuando todavía era muy joven su padre se enfermó. Fue en el hospital cuando se descubrieron muchas situaciones: su padre tenía otra familia, mi amiga se sintió traicionada y defraudada porque tenía hermanas más jóvenes y era evidente que su papá las prefería a ellas. Cuando estaba por morir, el padre de mi amiga decidió cambiar el testamento, a pesar de los cuidados de su hija mayor y de su lealtad, la desheredó y la dejó en la calle. A los pocos días de la muerte de su padre, tuvo que entregar la casa donde vivían ella y su madre, tuvo que entregar el coche que ella conducía y, por supuesto, se deprimió fuertemente. Creo que nunca se recuperó, su estado de salud se deterioraba todos los días, hasta que antes de cumplir cuarenta años falleció al lado de las personas que la amaban. ¿Qué tienen en común esta historia y tu? Creo que muchas veces esperamos que la vida sea de una manera en especial, tratamos de controlarla, pero esto jamás sucederá. Enfrenta la vida como viene, sin miedo. Por muy fuerte que sea el golpe que te hayan dado, estoy seguro de que puedes recuperarte.

¿Y por qué creo que puedes recuperarte? Porque muchas personas han sufrido una situación similar a la tuya y lograron salir adelante, no hay diferencias entre ellos y nosotros. No dejes que la vida se vaya de tus manos a causa de una herida que te han hecho.

No importa cómo llegues al final de tus días, puedes llegar golpeado, herido y lastimado. ¡Pero llegarás! Y llegar a tu meta será una experiencia única, tan grande que seguramente dirás: "Valió la pena."

1. Siéntate cómodamente en un parque o en una área verde y respira profundamente. Observa a las personas que están a tu alrededor. Ve a las aves y a cualquier otro ser vivo que esté cerca de ti. Descubre cómo entra el aire a tus pulmones. ¡Estás vivo!

2. La vida sólo es cuestión de tiempo. Todos tenemos cierta cantidad de tiempo para estar vivos. ¡Aprovecha cada momento que tienes! Porque esos instantes son un regalo, así que valóralo, ámalo y dale sentido. Tu vida debe tener un sentido especial.

3. No importa lo que haya pasado, sea bueno o sea malo, todas esas experiencias te pueden servir para que tu presente sea más sano. Si de niño te ignoraban, arréglalo con alguien más y dale a todas las personas la importancia que necesitan. Sánate por medio de los demás.

4. Tu vida ya empezó. No esperes otra señal, la única señal que tienes en este momento es que el aire entra a tus pulmones y eso es un milagro. ¿Qué esperas para obtener lo mejor de la vida?

5. Arregla tu mundo. Por supuesto que no podemos arreglar el planeta, pero sí puedes arreglar tu entorno. Si descubres alguna necesidad, súplela. Ser compartido y pensar en los demás, te dará un nivel de existencia que jamás sospechaste.

> "SI NO ERES FELIZ CON TODO LO QUE TIENES, MENOS LO SERÁS CON TODO LO QUE TE FALTA." ANÓNIMO.

2

Es tiempo de tener amigos

S I BIEN ES CIERTO QUE DEBEMOS TRABAJAR con mucho empeño y destacar en todo lo que hacemos, también es muy importante tener amigos a nuestro lado. La vida es un tren que tiene un destino muy claro; pero en el tren podemos viajar solos o acompañados de personas con las que podamos platicar y disfrutar del paisaje.

Los amigos no son nuestros compañeros de trabajo, ni nuestros amigos del gimnasio. Nuestros amigos son las personas con las que convivimos los domingos, pero también a quienes podemos llamar en la madrugada cuando necesitamos su ayuda. Para tener amigos, primero debemos ser amigos, es decir, no se trata de buscar un beneficio propio, sino de ofrecer a los demás lo mejor que tenemos y somos. No todas las personas merecen nuestra confianza, así que debemos ser cautelosos, lo que no significa que necesariamente seamos desconfiados.

Cuando tenemos relaciones profundas con las personas, la vida es muy divertida. Probablemente te preguntes: ¿Y dónde puedo encontrar amigos? Hay muchos lugares; podrías empezar por llamar a tus amigos de la secundaria, los de la prepa, o quizá los de la universidad. Si practicas algún deporte, abre los ojos. Hay personas muy valiosas que comparten contigo, por lo menos, el interés por el mismo tipo de ejercicio. Pero también puedes ser amigo de tus vecinos y de algunos compañeros de trabajo.

Tener amigos permite conocernos mejor a nosotros mismos, ellos nos pueden mostrar nuestros errores, nuestras carencias, pero también nos escuchan cuando necesitamos un consejo. Los hombres que tenemos amigos somos raros, la mayoría va por la vida como el Llanero Solitario.

Recuerda, un amigo no es para que te dé la razón, mucho menos para que esté de acuerdo contigo en todo; tampoco es una fuente inagotable de favores. Un amigo es una persona que te acompaña en el viaje de la vida, no intentes obtener ventajas solamente, ofrece tu tiempo y tu compañía, y te aseguro que tendrás una vida plena.

Un amigo es para divertirse, para desahogarnos alguna vez de todo lo que traemos cargando y para hacer historias que podrás compartir con tus nietos. Intenta tener amigos que de cierta manera sean distintos a ti, pues al tener opiniones distintas sobre un mismo tema, los dos podrán aprender. Esto te enriquecerá.

Seguramente viste Los Picapiedra, una de las caricaturas clásicas. Pedro Picapiedra no hubiera tenido nada interesante sin su gran amigo Pablo Mármol.

En el caso específico de las mujeres, para ellas es muy fácil hacer amigas, le hablan a todo mundo y siempre terminan platicando con la señora que se encuentran en la fila del banco, con la joven que les corta el cabello y con quien se les ponga enfrente. El problema es que a veces sus relaciones son muy superficiales. Hablan de las situaciones, incluso pueden hablar de su marido y hasta de sus hijos, pero una mujer rara vez habla de sí misma.

Los hombres vamos solos por el camino; las mujeres van acompañadas, pero con el corazón cerrado. Es importante tener amigos, porque en el viaje de la vida, nuestros amigos hacen el trayecto más agradable.

Sé la historia de un hombre que se dedicó por completo a su trabajo. Durante años no hizo otra cosa que negocios y tratos comerciales. Conocía a muchas personas, pero sólo de ese medio, nunca tuvo una relación de amistad. En su infancia fue muy pobre, así que se dedicó a trabajar toda su vida. Se esforzaba tanto en trabajar, que perdió a su familia, pues no les dedicaba tiempo. Sus hijos siempre lo vieron como un extraño y sus hermanos dejaron de frecuentarlo porque todos sus temas eran de dinero, del negocio y de inversiones. Los años fueron pasando y este hombre logró juntar grandes riquezas, ahora es un hombre muy rico. Los domingos salía de viaje para ver a sus socios los lunes por la mañana y los fines de semana los ocupaba para revisar sus estados financieros. Con el transcurso del tiempo, el hombre se hizo viejo, descubrió que las personas con las que vivía eran sus empleados: la señora que hacía el aseo de la casa, la secretaria, el jardinero… sus hijos ya habían hecho su vida, su ex esposa se había casado de nuevo, algunos de sus hermanos ya habían muerto. En ese momento descubrió su terrible soledad. Estaba solo y era un solitario. Si se hubiera dado la oportunidad de tener un amigo, quizá le hubiera dicho su error. Los amigos son grandes maestros, ya que nos muestran los errores que cometemos en la vida sin pedir nada a cambio.

Es cierto que el hombre no puede verse a sí mismo. No podemos saber cómo es nuestro carácter ni nuestra forma de pensar, a menos de que otra persona nos lo diga. Ése es un motivo más por el cual necesitamos a los amigos.

Si ves fijamente un espejo, quizá pienses que lo que estás viendo es tu rostro, pero estás viendo una imagen y no tu cara en realidad. El ser humano no puede verse a sí mismo. El único camino hacia nuestro corazón es por medio de los demás. Cualquier persona cree que se conoce a la perfección, pero si vas con algunas personas de tu confianza y les pides que te describan, te aseguro que cada una de ellas te dará una información muy diferente. ¿Te gustaría hacer este ejercicio?

Compra una libreta y una pluma. Invita a un amigo a tomar un café y con el corazón abierto pídele que te mencione algunos defectos que crea que tú tienes. No intentes defenderte ni justificarte, cada vez que te dé un defecto, apúntalo en tu libreta y no guardes rencor. Te sorprenderá darte cuenta de que todas las personas a quienes les preguntes, te darán ideas muy parecidas. Y también estoy seguro de que te dirán defectos que no sospechaste que tenías. Cuando hice este ejercicio, me sentí muy apenado porque no imaginé que mi forma de ser fuera tan diferente de lo que había imaginado.

Pero este ejercicio todavía no termina aquí. Ve de nuevo con tus amigos y pídeles que te digan algunas cualidades que crean que tienes. ¿Sabes qué pasará? Descubrirás un tesoro, porque ellos harán ver muchas cualidades que tú creías no tener. De esta forma, gracias a tus amigos puedes conocerte.

Sin embargo, los amigos no sólo son para tu propio beneficio. Ayudarlos en sus momentos de necesidad, sin duda, le dará un sentido a tu existencia. Al respecto me gustaría platicarte una historia. Dos hombres fueron compañeros en la universidad, eran grandes amigos, sus familias convivían frecuentemente, parecían una gran familia. Con el paso del tiempo, fue muy emotivo descubrir que los hijos de estos hombres también se hicieron amigos y también se veían como hermanos. Los hijos mayores de estos hombres se llamaban Juan y Gustavo. En una ocasión se fueron de cacería, estuvieron algunos días muy divertidos; este tiempo les permitió unirse más. Juan y Gustavo platicaron sus vidas, sus dudas y sus inquietudes, pero su relación tomó un giro muy triste. Hubo un tiro perdido y Juan falleció. Gustavo le llamó a su padre y le dijo lo que había sucedido, así que con esta terrible noticia, el padre de Gustavo le llamó a su amigo y le dijo que había ocurrido un accidente y que su hijo estaba muy herido. El padre de Juan le dijo: "Amigo, siempre hemos sido sinceros y nunca nos hemos mentido, ¿mi hijo está vivo?" Su amigo no pudo aguantar las lágrimas y le confesó: "Amigo mío, tu hijo está muerto." Dar una noticia tan terrible como ésta muestra un nivel de confianza tal, que sólo se consigue con el paso del tiempo y de la convivencia.

La amistad es un pacto muy valioso entre dos personas y debe ser respetado. Me gustaría decirte que esta historia aquí terminó, pero lamentablemente no fue así: Juan salió de viaje de negocios y tuvo un accidente fatal. La policía llegó al lugar de los hechos y encontraron una tarjeta con el teléfono del amigo de su padre, a él le dieron la mala noticia. Así que se repetía la historia, un amigo tenía que llamar a su casi hermano para avisarle de un accidente. El hombre en cuestión tomó el teléfono y dijo: "Amigo, hubo un accidente, tienes que ir a ver a tu hijo porque está muy grave en un hospital." La respuesta fue ésta: "Amigo, cuando esto te sucedió, no te mentí, dime ahora la verdad, ¿Está vivo mi hijo?" Por desgracia, las lágrimas y las palabras se repitieron.

¿Y por qué te platico esta historia tan triste? ¿No sería mejor contarte historias llenas de alegría? Quizá sí, pero los amigos no son los que pasan tiempo contigo en las fiestas o en las bodas, sino las personas sinceras y leales, incluso en los momentos más difíciles. Por eso quise compartir contigo esta historia real, porque **los amigos son como hermanos en tiempos de angustia**.

Deseo que tu vida siempre esté llena de amor y de alegría, ése es mi deseo más sincero. Me gustaría que no creyeras que las personas no importan, te pido que seas leal a tus amigos. No lastimes su corazón, no los traiciones porque en ellos puedes encontrar aliados sinceros y fieles, que te permitirán conocer el lado más dulce de la vida.

En el capítulo anterior, mencioné que vivimos en un mundo muy distinto para el que nos prepararon nuestros padres. Ahora, las relaciones suelen ser más superficiales, frecuentemente son sólo contactos de negocios o conocidos profesionales. Pero esto no debe ser así. Debemos cultivar a nuestros amigos, permitirnos llegar a niveles de confianza y de convivencia mucho más profundos. Piénsalo, no es tan complicado, tan sólo debes estar dispuesto a ayudar. La regla de oro nos dice que debemos tratar a los demás como nos gustaría que nos trataran. Cuando das lo mejor de ti, recibes lo mejor de otros.

Es común que a nosotros los hombres nos dé mucho miedo abrir nuestro corazón, tal y como les sucede a las mujeres. ¿Será que estamos llenos de temores? Creo que ese miedo a descubrir nuestro corazón nos ha invadido, pero esto no tiene que ser una razón de existir. ¿Cuántas veces te han dañado? Estoy seguro de que no tantas en comparación con las ocaciones en las que las personas han sido sinceras y leales contigo. Pero, supongamos que te hayan traicionado, no te preocupes, como dice el refrán: "Una golondrina no hace el verano." Que haya personas que actúen mal, no significa que todos actuarán mal contigo. Estoy seguro de que le tenemos más miedo al miedo, que a la realidad. Nos encerramos por el temor a quedarnos solos y, paradójicamente, estamos solos.

En vez de predisponerte a lo peor, espera que la gente sea amable, cordial y sincera. ¿Por qué sería de otra manera? Me gustaría que lo intentaras, es tiempo de tener amigos. ¿Quieres intentarlo?

1. Escucha a los demás. Los amigos están dispuestos a escucharte, incluso cuando estamos en silencio. Descubre las necesidades de tus amigos y trata de suplirlas.
2. No esperes que las personas actúen como te gustaría, cada cabeza es un mundo. Trata de ser generoso y no esperes nada a cambio.
3. Cuida el corazón de las personas que decidieron ser tus amigos. Es un regalo que Dios o la vida te ha enviado. No lastimes un regalo que viene de las manos de Dios.

4. Nunca repitas un solo secreto o una situación que hayas vivido con tus amigos. Guárdalos en tu corazón y jamás hables de lo que viste o escuchaste.

5. Protege el corazón de tus amigos con tu vida.

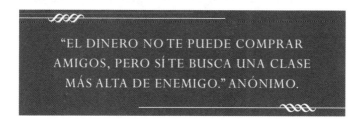

"EL DINERO NO TE PUEDE COMPRAR AMIGOS, PERO SÍ TE BUSCA UNA CLASE MÁS ALTA DE ENEMIGO." ANÓNIMO.

3

Haz ejercicio

H ASTA ESTE MOMENTO DE TU VIDA, tus rodillas, tu corazón y prácticamente todo tu cuerpo están en las mejores condiciones. Sin importar si haces o no ejercicio, tu
cuerpo reacciona de una manera aceptable porque la juventud de
tu cuerpo es evidente. Probablemente no te preocupas por tomar
vitaminas, minerales y tampoco vas con el médico para que te
haga un estudio de rutina. ¡Estás joven! ¡Y qué bueno que seas
joven! ¿Te gustaría seguir así? Entonces, hoy es el día ideal para
hacer ejercicio.

Cuando hacemos ejercicio, todo nuestro cuerpo lo agradece.
Estudios científicos han demostrado que nuestro cuerpo rejuve-
nece sólo por hacer ejercicio. Hay personas de sesenta años que
hacen mucho deporte y tienen más vitalidad que alguien de treinta
y cinco. La razón es muy sencilla: cuando hacemos ejercicio oxi-
genamos nuestro cuerpo, eliminamos las toxinas y adquirimos
más flexibilidad y coordinación, y por todas las sustancias que
generamos nuestro ánimo se ve favorecido.

Sé perfectamente que tienes mucho trabajo y muchas responsabilidades, pero todos las tenemos. Mi día empieza muy temprano y aun así hago ejercicio todos los días. En este momento,

mientras escribo el libro, tengo un programa de televisión, soy la imagen de dos empresas que me contrataron para hacer sus campañas publicitarias, estoy empezando un programa de radio y además soy esposo y padre. Creo que no podría hacer nada de lo anterior, si no hiciera ejercicio todos los días, porque el ejercicio me permite tener una vida saludable.

Pero no me gustaría que pensaras que voy al gimnasio y levanto mil pesas o que salgo a correr y corro un maratón diario. El ejercicio que hago va de acuerdo con mis necesidades y con el tiempo que le puedo dedicar. No es una tarea difícil que me fatigue, por el contrario, es un momento que dedico a mí mismo, que me permite fortalecer mi cuerpo y, al mismo tiempo, me permite un momento a solas, con mis pensamientos, y me permite planificar mi día y organizar todos los pendientes.

Hago ejercicio por lo menos una hora diaria de lunes a viernes. Los fines de semana trato de estar con mi familia, claro, cuando el trabajo me lo permite. Algunos días voy en la mañana, otros en la tarde o en la noche; el horario no es tan importante. Lo que sí es fundamental es que todos los días nos demos el permiso de trabajar en la salud de nuestro cuerpo.

Probablemente no sepas ni cómo empezar, así que te voy a dar unos consejos:

1. Elige un deporte que te guste y que no requiera mucho esfuerzo. No pretendas hacer en un día todo el ejercicio que no has hecho en años. Busca un deporte divertido, que te permita tomar aire. Podrías caminar en un parque, a un paso moderado durante media hora.

2. Elige un ejercicio o un deporte que puedas hacer cerca de tu casa. Si te inscribes en un gimnasio que está a una hora de distancia de tu casa, seguramente pagarás y, después de un día o dos, no regresarás. Busca algunas instalaciones que estén muy cerca de tu casa, para que aproveches mejor el tiempo.

3. La mayoría de las personas busca iniciar una actividad deportiva e invitan a alguien para que los acompañe. Ésta es una buena idea, pero tienes que invitar a muchas personas, porque muchos te rechazarán y podrían destruir tu deseo de mejorar tu salud. Es preferible que empieces solo y cuando las personas vean tu esfuerzo, poco a poco, se integrarán. Los grandes cambios siempre han surgido del ejemplo y el esfuerzo de una persona, después tienen muchos seguidores.

4. No busques un deporte muy costoso, porque éste puede ser un impedimento para que cambies tu vida. No sería una buena idea integrarte a un equipo de *hockey* sobre hielo. Te recomiendo que sea algo muy económico, para que sólo necesites tenis y ropa deportiva. Insisto, salir a caminar, a correr o inscribirte en un gimnasio puede ser muy divertido y no afecta tu economía.

5. Tu cuerpo te dirá el momento exacto para incrementar tu actividad física. Después de que hayas caminado por un mes todos los días, estoy seguro de que tu cuerpo te va a decir: "¿Y si corro un poquito? ¿Y si corro una cuadra?" Tienes muchos años sin correr, así que probablemente te dé pena, pero no te preocupes, no tienes nada qué temer. ¡Inténtalo!

6. Descansa. Tómate un día de reposo, tu cuerpo también necesita un respiro. Así que si has hecho ejercicio por seis días, tienes derecho a descansar uno. ¡Pero sólo un día! Porque muchas veces el descanso fomenta la flojera.

7. Haz un compromiso de llegar hasta donde tu cuerpo esté saludable. Cuando lo logres, te sentirás tan bien contigo mismo, que nada te detendrá y serás una persona sana.

8. En una ocasión, durante un programa de televisión escuché una frase muy parecida a lo siguiente: "Por muchos años dije que empezaría a hacer ejercicio el lunes, pero el lunes nunca llegaba, pero ¡hoy es lunes!" Empieza hoy mismo.

La mamá de un amigo muy estimado tiene unos sesenta años. Cuando se casó era muy delgada, pero poco a poco fue subiendo de peso a causa de los cambios hormonales y una vida sedentaria. Lamentablemente, quedó viuda y fue cayendo en depresión. A los cincuenta años ya no tenía entusiasmo por vivir. Una amiga la invitó a desayunar a una tienda departamental muy famosa, que organiza una carrera de mujeres en tacones para ayudar a las mujeres con cáncer. En esa carrera todas las competidoras llevan zapatillas y, por supuesto, la que corra más rápido gana. La amiga de esta mujer criticó a las corredoras, las tachó de ridículas, pero la madre de mi amigo se quedó pensando en esa imagen. Sin decirle nada a nadie se compró unos tenis y empezó a caminar, después trotó y con el paso de los meses se inscribió en una carrera. Ahora es una mujer plena, corre maratones, tiene la mejor condición física de todas sus amigas, viaja por todo México porque la invitan a que participe en distintas competencias y ha ganado muchos premios. ¿Y qué pasó con la depresión? ¡Ya ni se acuerda de eso! Es una mujer plena y con mucho ánimo, con una vida muy interesante. Descubrió que no tiene límites y hasta tiene un nuevo negocio. Es tan imparable que nos contagia con su alegría y su éxito.

En estos momentos, en Europa, muchas personas han decidido empezar a correr. De hecho, correr está de moda. Creo que correr es un ejercicio mental, porque todos los días pensarás que ya no quieres hacerlo, que está lloviendo, que hace frío o que el clima está muy caluroso, siempre habrá un pretexto para detenerte y no correr más. Estos pensamientos invadirán tu mente todo el día, pero cuando sea la hora de correr, te pondrás los tenis y empezarás a correr.

En este sentido, correr es muy similar a la vida. Siempre encontraremos obstáculos para realizar nuestros sueños, pero sin importar cómo te haya ido en tu jornada, a la mañana siguiente nos levantamos y enfrentamos los problemas de un nuevo día. Conozco a algunos corredores, todos ellos han formado su carácter de una manera muy especial, pues, una vez que vencieron los primeros obstáculos, su mente encontró la libertad. Correr es como si los pretextos te abandonaran por unos momentos y nadie pudiera detener tu mente; entonces, sabes que puedes lograrlo, no sólo correr, sino también el plan que tienes con tu familia y el sueño que tienes en tu trabajo.

Por otro lado, te recomiendo que no hagas ejercicio en casa. Sé que hay muchos videos que te dicen cómo puedes hacer determinados ejercicios y hasta te proponen una rutina, pero es mejor que salgas de tu espacio, que sientas el aire en tu rostro y el sol en tu cuerpo. Los seres humanos hemos olvidado que el aire libre es agradable.

1. Busca todas las opciones posibles que estén a tu alcance para hacer deporte. Encuentra la que más beneficios te otorgue y la que vaya de acuerdo con tu presupuesto y tu estilo de vida.
2. Recuerda que hacer ejercicio al aire libre es una experiencia muy grata. Siente el viento en tu cuerpo, respira el aire fresco, de esto se trata la vida.
3. No verás reflejados los beneficios del ejercicio en pocas semanas, tampoco notarás que ya no te sientes cansado, ni que puedes subir escaleras sin sofocarte, quizá pasarán varios meses cuando descubras que puedes hacer movimientos que antes eran imposibles. ¡Esto es la vida!

> "EL QUE NO ENCUENTRA TIEMPO PARA EJERCITARSE, TENDRÁ QUE ENCONTRAR TIEMPO PARA LA ENFERMEDAD." EARL DE DERBY.

4

Lee

S I TIENES EN TUS MANOS ESTE LIBRO, con seguridad es porque te gusta leer o al menos haces el esfuerzo. Gracias por leerme. Sin embargo, no se trata sólo de tomar un libro o elegir siempre el mismo tema. Es muy importante que nos atrevamos a leer más y sobre distintos temas. En México, todos aseguran que nadie lee. Creo que el promedio de lectura entre todos los mexicanos es de medio libro al año.

Estoy seguro de que los mexicanos leemos y leemos mucho. Estamos muchas horas en internet, en Facebook y hasta en Twitter, y todo eso es lectura. ¡Pero no leemos temas concretos! Ésa es la diferencia.

En los libros podemos encontrar respuestas a las preguntas que ni siquiera nos hemos hecho, esa información puede cambiar nuestra vida. Los libros, por muy malos que sean, siempre nos ofrecen ideas que podemos comparar con las nuestras.

Hace tiempo, cuando Pedro Ferriz de Con tenía su noticiero *Para Empezar* le escuché decir lo siguiente: él estaba en la universidad y le pidió a su maestro que le recomendara algún libro. Desde ese tiempo, Pedro ya era un hombre muy culto, así que tal vez esperaba que le diera una lista de libros impresionantes, pero el maestro, lleno de humildad, le contestó: "Lee diccionarios." Por supuesto, Pedro Ferriz no esperaba esa respuesta. ¡Es muy importante leer diccionarios! Porque muchas palabras que utilizamos no significan lo que creemos.

Estamos llenos de sentimientos, pero no sabemos nombrarlos y como no sabemos identificar el nombre de lo que sentimos, tan sólo nos limitamos a decir: "Estoy triste, enojado, molesto, alegre..." Pero hay miles de sentimientos que experimentamos todos los días y que si pudiéramos ponerles un nombre, enriqueceríamos nuestra existencia. Te propongo que busques en el diccionario las siguientes palabras:

- Angustia
- Apatía
- Belleza
- Deseo
- Duda
- Envidia
- Esperanza
- Euforia
- Fe
- Pasión
- Soledad
- Timidez
- Triunfo

Muchas personas no saben la diferencia entre ser egoísta y egocéntrico. Ser egoísta es una cualidad, porque las personas egoístas, buscan lo mejor para sí mismo y para las personas que aman; mientras que el egocéntrico busca lo mejor sólo para sí mismo y lo hace a pesar de los demás. ¿Eres egoísta o egocéntrico?

Nuestra vida está determinada sólo por las palabras que conocemos. Quizá te sorprenda saber que la única diferencia entre un ingeniero y un médico es el significado que cada uno de ellos le da a las palabras. En la universidad no sólo aprendemos cómo hacer las cosas, los maestros nos explican el significado de las palabras y las usamos en la vida diaria. Eso forma a un profesionista. Si dedicas tiempo a aprender el significado de todas las palabras que un contador usa en su trabajo, te convertirías en un contador. Por supuesto, en las universidades también se aprenden algunos métodos, pero toda la información está en palabras. ¡Así que entre más palabras aprendas, más actividades podrás realizar!

Escribiré esta frase: "Todo trauma puede sanar, si hay un vínculo, porque todos los vínculos nos llevarán a la resiliencia." ¿Lo entendiste? Tal vez no. Ahora te diré el significado de cada palabra: un trauma es algo que nos afecta, es doloroso e impide nuestro crecimiento. Un trauma puede ser que se burlaron de ti cuando estabas en la primaria y eso te hizo sentir muy enojado por muchos años y decidiste abandonar tus estudios. Un vínculo es cuando una persona cree en ti y te aseguro que, a pesar de todo, puedes salir adelante. Supongamos que decidiste dejar de estudiar y ese mismo día llegó tu maestra y te dijo: "Yo creo en ti, y a pesar de todo lo que te molestaron tus compañeros al día de hoy, podrás salir adelante. Me dijiste que deseas ser doctor, yo creo que lo puedes lograr si te esfuerzas un poco más." Después de esa plática, decidiste cambiar de escuela y seguir estudiando para convertirte en médico y, por fortuna, lo lograste. Cuando decidiste recuperar tu sueño, fue cuando ejercitaste tu resiliencia y pudiste seguir adelante.

Escribiré de nuevo la frase: "Todo trauma puede sanar, si hay un vínculo, porque todos los vínculos nos llevarán a la resiliencia." ¿Qué opinas? ¿Ahora sí lo entendiste? Como verás, leer no se trata de pasar horas leyendo temas aburridos, sino enfrentarte a situaciones muy personales que te ayudan a ser mejor persona. Le tenemos miedo a la lectura, porque a muchos de nosotros nos obligaban a hacer la tarea.

El otro día un amigo me decía que la procrastinación se presenta frecuentemente porque a la mayoría de los niños los ponían a hacer la tarea como castigo. ¿Entendiste la frase? La procrastinación es cuando dejamos todo para después y luego estamos corriendo, tratando de hacerlo al último momento. Si tienes como rutina la procrastinación, puedes hacer memoria y quizá recuerdes que cuando tenías que hacer la tarea te lo hacían ver como si fuera un castigo. Ahora que sabes esto, ya no tienes pretexto para procrastinar. Eres libre del pasado. ¿No es increíble?

Entre más leas, más palabras difíciles podrás conocer y estos conocimientos los podrás llevar a tu vida diaria. Leer nos libera y nos permite conocer puntos de vista de expertos. A muchas personas les gustaría sentarse a platicar con un héroe del pasado o con un hombre muy importante. A mí me gustaría platicar con Winston Churchill, con Einstein o con Martin Luther King. Sé que eso es imposible, pero puedo conocer su pensamiento por medio de sus escritos.

En las noches, a mis hijos les leo cuentos. Lo hago como si fuera un premio, me gusta leerles historias. Ellos corren a sus camas para que les lea. Siempre que lo hago, les digo que los amo y que les voy a leer porque hicieron algo muy bien, o porque es su cumpleaños. Ahora que ellos están aprendiendo a leer, les he regalado libros con imágenes. Envuelvo los libros de una manera muy especial y se los entrego como si fueran un gran tesoro. Ellos los valoran, los cuidan y los guardan en lugares muy especiales. Sé que estoy formando lectores.

Entre más pequeños sean mis hijos, es más fácil que puedan adquirir este buen hábito. Yo lo adquirí siendo un adulto, y lo más curioso es que no lo busqué, sino que este hábito me encontró a mí. Cuando inicié mi carrera como actor de teatro, tenía que leer muchos guiones y mucha información para interpretar bien mi papel. Como tengo que memorizar los textos, no me quedó otra opción que leer, leer y leer. ¡Qué suerte tuve! Después de memorizar los textos, me quedaban algunas dudas de las palabras que no entendía y además leía un poco de la historia del autor. Esto me sucedió cuando presentamos *El cartero de Neruda*, obra con la que conocí la poesía de este gran hombre de letras. Aunque ya murió, Neruda me enseñó el amor por la lectura. ¿Qué pretexto puedes encontrar para disfrutar los libros?

1. Reconoce que lees más de lo que piensas. En las redes sociales pasas horas leyendo lo que tus amigos suben a internet.
2. Si no te gusta mucho leer, compra revistas, tienen muchas imágenes y será divertido.
3. "Manipúlate" un poco y pretende que el tiempo de lectura es un premio que deseas darte. Te aseguro que en dos o tres días se te hará un hábito.
4. Busca libros muy interesantes, con grandes historias.
5. Si el pretexto es que los libros son caros, te recuerdo que en México venden los más económicos del mundo.
6. Lee delante de tus hijos, ellos no aprenden de las palabras que dices, sino de las acciones que ven.

"ALGUIEN QUE ESTÁ LEYENDO UN LIBRO, NO OBSTANTE QUE ESTÁ HACIENDO ALGO, SE ESTÁ HACIENDO ALGUIEN." ANÓNIMO.

5

———————— ∽∞∞∾ ————————

Ten una propiedad

E S MUY IMPORTANTE QUE TENGAS UNA CASA O, al menos, un terreno a tu nombre. Los bienes son para resolver los males. Hay muchas formas en las que puedes conseguir una casa: desde los créditos del gobierno a los autofinanciamientos. Claro que si la puedes comprar de contado será mucho más barato y tu inversión generará beneficios a corto plazo.

Sin importar cómo la consigas, es fundamental que tengas una propiedad. Si pagas renta, debes estar agradecido con la persona que tiene un techo y que a cambio de tu dinero te permite dormir seguro. La renta no es un desperdicio, pero si tienes una propiedad, aunque la pagues mensualmente, estás incrementando tu patrimonio.

Encuentra la mejor manera en la que puedas comprar una casa. Es muy importante que te asesores y que busques opiniones de expertos. Tus amigos y conocidos podrían darte una opinión desde su corazón, pero un experto en bienes raíces te ofrecerá el mejor consejo.

Cuando decidas comprar una casa o un terreno, toma en cuenta las tres reglas básicas que los grandes dueños de propiedades a nivel mundial han revelado. Donald Trump, el magnate de Nueva York, sugiere considerar los siguientes puntos:

1. Ubicación.
2. Ubicación.
3. Ubicación.

Es muy importante que compres tu casa o terreno donde haya todos los servicios urbanos, es decir, que haya transporte público cerca, agua, luz, tiendas y seguridad pública. Los proyectos a largo plazo suelen ser más baratos, pero generan muchas molestias y lo que buscamos es que mejores tu calidad de vida.

Si vas a comprar una casa, busca que los materiales sean de la mejor calidad posible. Hay muchos materiales modernos que son muy económicos, pero pueden causar problemas a la larga. Una casa construida con tabique siempre es una buena opción. Si lo deseas, compra una casa en una avenida principal de la colonia, eso te permitirá poner un negocio o, al menos, abrir un local comercial para rentar. Si tu casa está en una calle muy escondida, difícilmente podrías montar un negocio, pues no tendrás mucho flujo de personas. Las propiedades con estacionamiento son las más valoradas.

Si tu casa se ubica frente a una escuela o a un parque, tiene un mayor valor comercial, aunque puedes tener molestias a causa del ruido o del estacionamiento.

Si vas a comprar un departamento, es muy importante que las tomas de agua sean individuales. Cuando es una sola toma, los vecinos tienen que ponerse de acuerdo para cobrar y, generalmente, surgen problemas, además en ese sistema se incrementa mucho el costo.

Si tu casa va a estar dentro de un grupo de casas, llamados cerradas, recuerda que se debe pagar un mantenimiento mensual, a diferencia de una casa en una calle abierta, donde eso no existe. El mantenimiento se paga cada mes, tómalo en cuenta porque, incluso si desocupas la casa, debes pagar mes con mes esa cantidad.

Antes de comprar una casa, pregúntales a tus vecinos cómo es la zona en tiempos de lluvia; hay colonias que se inundan con mucha frecuencia porque son zonas naturales donde se acumula agua. Considera este consejo para que el valor de tu casa se incremente y no sea un dolor de cabeza.

Te recomiendo mucho que el departamento que compres tenga mucha iluminación natural. La luz del sol nos llena de alegría y entusiasmo; si un departamento está muy oscuro, generará que los habitantes se sientan tristes sin razón aparente. Debes cuidar la salud emocional de tu familia.

No esperes a que pasen los años sin tener una propiedad. Cuando seas anciano recordarás estas páginas. Deseo que sonrías y no que te preguntes ¿por qué no seguí ese consejo?

Es muy importante que todos los papeles de tu propiedad estén a tu nombre o a nombre de tu esposa o esposo. No heredes en vida. Se ha sabido de casos muy tristes de personas que se han quedado en la calle porque los hijos o los nietos los desalojaron, después de que firmaron una cesión de derechos.

Hace algunos años escuché a un hombre decir que primero se debe tener un negocio y después la casa, porque los negocios generarán dinero suficiente para comprarla. ¿Qué opinas? Mi idea es que si tienes un lugar seguro, tendrás la confianza para salir a trabajar, sabiendo que tienes un techo y un lugar cálido donde puedes descansar. Todo es cuestión de enfoques, muchas veces las circunstancias nos permiten ver que el negocio puede continuar con lo que tiene o que la casa puede esperar un poco más.

El esfuerzo de comprar una casa siempre vale la pena. Descubrirás que tus ingresos al principio pueden verse afectados, pero con el tiempo, cuando vayas pagando y la renta se haya quedado en el pasado, valorarás mucho tu casa y, cuando la hayas pagado completamente, el pago mensual será íntegro para ustedes. Ya no tendrás que desembolsar mes a mes una cantidad que "vuela" y no la vuelves a ver, sino que será una inversión para ti, tus hijos y tus nietos.

Pero más que trabajar para conseguir una casa —que por supuesto es muy importante—, debemos trabajar todos los días para conseguir un hogar. Te platicaré lo que me sucedió a mí y a Jorge, mi hermano mayor. Hace muchos años, después de que mis padres ya se habían separado, en una ocasión nos peleamos con mi papá y fuimos a pedir asilo político en la casa de mi mamá. Las casas de nuestros papás estaban muy lejos y como no teníamos dinero nos fuimos caminando. Durante todo el camino, íbamos platicando de lo que nos sucedió ese día, de cómo había sido el problema, pero confiábamos que al llegar con mi mamá tendríamos una cama y una cena caliente. Tristemente, eso no sucedió y mi hermano y yo pasamos la noche en la calle. No teníamos dinero para ir a un hotel y, es curioso, cuando tienes problemas, no tienes amigos.

Esa noche, mi hermano y yo platicamos de muchas cosas. Aunque estábamos en la calle, nos encontrábamos en una colonia segura y no tuvimos miedo, éramos muy jóvenes, teníamos muchos sueños y, sin decirlo, nos comprometimos a que cuando creciéramos, trabajaríamos mucho para no tener ninguna necesidad.

Estoy seguro de que los hogares son un lugar donde nuestros hijos deben estar seguros, donde pueden saber que serán escuchados y, quizá por mi experiencia, me atrevería a decir que las puertas de mi casa siempre estarán abiertas para mis hijos, pase lo que pase.

He conocido casas muy chiquitas, también casas enormes y algunas que son verdaderos palacios. Por fortuna, hay muchas casas, sin importar el tamaño, en donde he visto hogares muy sólidos y establecidos.

Sé que este libro lo leerán madres solteras y quizá padres solteros, ya sea separados, divorciados o viudos, ¡qué sé yo! He aprendido que la fuerza de un padre en muchos casos es suficiente. Con esto no quiero decir que te divorcies o que te separes, simplemente pretendo explicar que si tus circunstancias te han llevado a estar solo con tus hijos, no es un impedimento para que ellos puedan sentirse seguros a tu lado.

Los niños no basan su seguridad en lo mismo en que la basamos los adultos. A ellos nos les preocupa si tienen el jamón de la marca más famosa, mucho menos si tienen el coche último modelo, ellos desean sentirse amados, especiales, protegidos. Y esta idea es para los dos lados; si tienes la fortuna de ser próspero y de tener lo mejor, recuerda que eso no es suficiente para que tus hijos se sientan protegidos.

Las casas son caras, pero los hogares son mucho más caros, porque se edifican todos los días. Las casas las entregan las constructoras cuando están terminadas, pero los hogares se van moldeando día a día. Se requiere compromiso, amor, paciencia. Pero, por fortuna, están al alcance de todos los que deseamos una vida mejor. Recuerdo ahora una frase muy precisa de Benjamín Franklin: "Amo la casa en la cual no veo nada superfluo y encuentro todo lo necesario."

Así que no lo olvides:

1. Compra una casa.
2. Edifica un hogar.
3. Brinda seguridad a las personas que viven contigo.
4. Haz el compromiso contigo y con tus hijos de que sin importar qué suceda, las puertas de tu casa siempre estarán abiertas para ellos.
5. Si ya tienes una casa, ¿puedes tener dos?

> "UNA CASA SERÁ FUERTE E INDESTRUCTIBLE CUANDO ESTÉ SOSTENIDA POR ESTAS CUATRO COLUMNAS: PADRE VALIENTE, MADRE PRUDENTE, HIJO OBEDIENTE, HERMANO COMPLACIENTE." CONFUCIO.

6

Comprométete con tus creencias

T E RECOMIENDO QUE ESTUDIES TU RELIGIÓN y tu sistema de valores. Cuando una persona tiene muy claro en qué cree, su vida se llena de sentido.

Creo que sabes que soy cristiano y, con profunda humildad, te puedo decir que conozco a fondo la Biblia y conozco a Dios. Pero no se trata de lo que yo sepa o crea, esta recomendación es para ti: estudia tu religión o tu creencia. Entre más informado estés de lo que crees, tendrás una vida más plena.

Conozco a muchos católicos congruentes con su religión y también a muchos cristianos. También conozco a muchas personas que no han fundamentado sus creencias y van como barco sin timón, afectados por todo lo que les sucede.

Busca maestros que te expliquen tu religión o la Biblia. Te recomiendo que leas muchos libros que te permitan conocer otras formas de creencia y pensamiento. Entre más abras tu mente, serás más libre. No se trata de juzgar quién está bien o quién está mal; debes enfocarte en lo que tú crees, sin que nadie salga lastimado, al contrario, la idea de cualquier persona que cree en Jesús siempre es servir a los demás.

No seas sólo un heredero de creencias. Lo que creyeron tus padres está bien, les funcionó y fueron felices, pero debes conocer lo que a ti te llena y te convence. Estamos hablando de lo que crees, no de lo que "otros" creen. La religión y la relación con Dios son personales, siempre debes verlo de esa manera.

Cuando una persona no tiene claro su sistema de creencias, pierde el sentido de la vida y puede enfocarse por completo en el trabajo, o se puede volver amargado o flojo, o puede caer en algún tipo de exceso. Si tienes claro en qué crees, también puedes conocer tu destino.

Mi familia y yo somos cristianos. Asistimos cada semana a la iglesia y compartimos con las personas que creen lo mismo que nosotros todos nuestros aprendizajes de la semana. En nuestra experiencia, hemos encontrado muy buenos amigos que nos ayudan a desarrollarnos en nuestro camino de la fe.

Busca en tu colonia a un grupo que vaya de acuerdo con lo que crees e involúcrate. No se trata de que te hagas un ratón de iglesia, se trata de que encuentres en Dios un refugio y una esperanza para los momentos difíciles de la vida y que disfrutes de mucha alegría en los momentos de gran gozo.

Si no tienes claro en qué crees, te recomiendo que leas la Biblia y que escuches distintas opiniones, sigue tu corazón y escucha a Dios. Dios siempre estará dispuesto a ayudarte.

Busca un equilibrio entre el trabajo, tus relaciones familiares, tus amigos, tu vida espiritual y todo lo que para ti sea importante. Hay personas que se enfocan sólo en un punto y pierden el sentido de las cosas. A todos nos queda claro que debemos trabajar, pero también divertirnos, dedicarle tiempo a Dios y a su palabra, y también tiempo para hacer deporte.

Nací en una familia nominalmente católica, pero la religión y la espiritualidad no eran parte de nuestra vida diaria. Crecí en un ambiente de grandes artistas, así que pude convivir con María Félix, con mi tío Ernesto Alonso y con grandes hombres de la farándula, por lo que el ambiente religioso y yo, simplemente, no teníamos nada en común. Sin embargo, recuerdo que de vez en cuando rezaba un Padre Nuestro; lamentablemente, nadie me dijo que Dios podía escucharme y que deseaba lo mejor para mí.

El primer contacto con el mundo espiritual fue muy breve. Estábamos presentando una obra. Algunas de mis compañeras eran cristianas y oraban antes de empezar la función. Yo las escuchaba. Se dieron cuenta de que yo rezaba al mismo tiempo que ellas se reunían para orar, así que me invitaron a hacerlo juntos. Ellas hablaban con Dios mediante palabras muy bonitas, llenas de esperanza y de consuelo. En una ocasión me dijeron que dirigiera la oración. No supe qué decir, les dije que prefería que ellas lo hicieran.

Quizá porque nunca estuve en contacto con personas muy creyentes, el tema de Dios no era fundamental en mi vida. ¡Claro que iba a misa! Pero cuando había bodas o compromisos sociales. Ahora me da pena admitirlo, pero muchas veces Yuri fue a nuestra casa a compartirnos el significado de Jesús en su vida y le dábamos el avión, creo que si ella lee este libro, conocerá esta confesión. La escuchábamos con respeto, pero para nosotros ella decía cosas sin sentido.

Menciono todo esto porque algunas personas creen que la vida espiritual nace en un instante, sin embargo es todo un proceso de vida. Es importante conocer las experiencias de los demás y aprender de sus consejos, de sus fracasos y de sus triunfos. Sé que todos tenemos problemas, tú puedes elegir si los enfrentas solo o los enfrentas de la mano de Dios.

Pasaron muchos años desde que Yuri nos hablaba de Dios hasta que sospeché que era necesario encontrarme con Él. Aprendí que Dios y la religión son temas muy diferentes, porque todas las organizaciones están formadas por hombres que cometen errores y, probablemente, nos puedan fallar. Pero a mí Dios nunca me ha fallado, así que confío en él plenamente.

Mi experiencia ocurrió así. Fue un día, después de un programa de televisión en el que participé, cuando le llamé a María del Sol. Ella había sido parte del programa y yo estaba en su equipo. Le llamé y le dije: "María, necesito que me presentes a Jesucristo."

Muchas personas creen que tuve problemas con las drogas y con el alcohol, pero, aunque las probé, nunca me gustaron. Para mí el deporte es una forma de vida. Los demás se daban cuenta de que tenía un cuerpo sano. Yo siempre fui muy disciplinado, desde joven entrenaba muy temprano y no tuve mucha vida nocturna. Era lo que muchos pueden llamar "una buena persona", pero mi interior estaba necesitado de Dios. Cuando me hablaban de un Dios que podía ordenar mi vida, no era atractivo para mí, porque mi vida estaba más o menos ordenada. Yo necesitaba un Dios personal e íntimo. Fue con María del Sol cuando comprendí que Dios podría ser justamente lo que yo necesitaba.

Tuve la fortuna de conocer a mi esposa y a su familia. Mi suegro se ha convertido en un padre para mí. Él me ha enseñado con su ejemplo muchas cosas. Para mí, él es un hombre de fe, que conoce a Dios y del que me gustaría seguir su ejemplo.

Es importante que quienes te hablen de Dios sean de tu confianza. Hay muchas personas que conocen muy bien la teoría, sin embargo su vida no refleja lo que dicen.

Pero las creencias no se limitan a la fe y a las cuestiones religiosas. Podrías establecer una opinión firme en cuestiones importantes. ¿Crees que la honestidad es importante? Si así lo crees, entonces debes ser honesto todos los días, con los pequeños detalles y con las grandes inversiones. ¿Crees que debes ser leal en tu empresa? Entonces no critiques a tu jefe, no hables mal de tus compañeros, entrega tu trabajo a tiempo.

Sin haberlo notado, vivimos ejerciendo pensamientos e ideas que son creencias. Y estas creencias determinan nuestro desarrollo diario. He escuchado a muchas personas que creen que son pobres, porque sus padres fueron pobres y sus hijos serán pobres. ¿Crees que esta idea es real? Podría causarnos risa, pero muchas personas deciden no prosperar, porque creen que están destinados a padecer necesidades. Tú puedes cambiar esta creencia, comprométete con ideas valiosas.

Para mí es trágico escuchar que a veces los hijos de padres separados creen que ellos están destinados a seguir el mismo patrón de comportamiento. ¡No es verdad! Cada persona es distinta, cada matrimonio es diferente, no importa lo que sucedió en el matrimonio de tus papás, tú puedes elegir tu camino.

¿Qué creencias tienes? ¿Son las mejores? ¿Te impulsan o te detienen? Tengo un amigo al que su padre le decía todos los días: "¿Quién es el niño más inteligente del mundo?", y mi amigo tenía que contestar con mucho entusiasmo: "Yo." Pero cuando lo decía sin ganas, o no tan convencido, entonces su papá le decía: "No, así no, debes decirlo con seguridad." ¿De qué nos sirve este ejemplo? Puedes heredar creencias que programen a tus hijos para ser mejores personas y para que cumplan todos sus sueños.

¡Atrévete a convencer a tus hijos de que ellos lograrán todo lo que se propongan! Enséñale a tu familia un camino nuevo, donde el cielo sea el límite. Y al respecto recuerdo una frase de Henry Ford: "Si crees que puedes, tienes razón. Si crees que no puedes, tienes razón." Todo dependerá de lo que creas.

Hay personas que se han graduado de las mejores universidades, hombres y mujeres muy talentosos, pero por desgracia creen que nunca llegarán lejos. Hay personas menos preparadas que creen en sí mismas y han podido volar muy alto.

Te invito a que descubras por ti mismo si Dios funcionaría en tu vida o no. Aunque estoy seguro de que si lo intentas, tendrás la mejor experiencia de tu vida.

1. Comprométete con tus creencias. Lo que hayan creído tus padres es muy bueno para ellos. No heredes lo que creyeron, vive por ti mismo tus propias experiencias.
2. Que tu legado sea un conjunto de experiencias, no sólo una lista de temas teóricos. No se trata de hablar bonito, sino de vivir bien.

3. Cuestiona las ideas que te hagan daño. Si crees que eres débil, siempre lo serás; si cambias tus creencias, cambiarás tu vida.
4. Siempre es preferible tener certezas, no sólo creencias.
5. Si crees en Dios, es bueno. Ahora, conócelo.

"HAY MÁS FE EN UNA HONRADA DUDA, CRÉANME, QUE EN LA MITAD DE LAS CREENCIAS." ALFRED TENNYSON.

7

Estudia

M E SONROJO CUANDO UN JOVEN termina la universidad y cree que "ya terminó la escuela". Es un poco cómico, porque la escuela de la vida todavía no empieza. ¡Debemos estudiar siempre! Entre más preparado estés, tu vida será más plena.

Te voy a dar una lista de todas las cosas que podemos aprender: cocina, mecánica, danza, baile, literatura, ciencias, computación, contabilidad, mecanografía, historia, moda, diseño, canto, teatro, poesía, religión, pastelería, repostería, electricidad, deportes…

Es muy importante que eleves tu conocimiento. Victor Frankl, un hombre que sobrevivió al holocausto en la Segunda Guerra Mundial, descubrió que las personas con menor coeficiente intelectual eran las que se morían más rápido en los campos de concentración. Mientras que las personas que habían estudiado más podían sobrevivir, a pesar de padecer las peores condiciones.

Al igual que nuestro cuerpo que desea ser activado por el deporte, nuestra mente desea ser utilizada y quiere aprender todo lo que sea posible. ¡Somos curiosos por naturaleza! Sin embargo, cuando éramos chicos y entramos en la famosa etapa del "¿por qué?", nos fueron matando la curiosidad y las ganas de preguntar.

¡Atrévete a hacer preguntas! Ahora con el internet puedes averiguar lo que quieras, de cualquier tema y a la hora que quieras. Y si no sabes cómo se usa, no te preocupes, hay muchas escuelas en donde te pueden enseñar a un precio muy bajo.

Debemos aprender muchas cosas, si nos olvidamos de nuestra mente, poco a poco nos haremos viejos. Hay una diferencia entre envejecer y hacernos ancianos. Los viejos son todas las personas que dejaron de preguntar, son las personas que, a pesar de tener oportunidades, decidieron ya no ser curiosos y se encerraron en su mundo pequeño. ¡Por favor, que eso no te suceda a ti! Es muy divertido aprender de muchos temas. No se trata de ser un sabelotodo, sino de ser una persona con un buen nivel cultural.

Los museos son divertidos. Lleva a tus hijos a los museos para niños, te aseguro que tú serás el más divertido de toda tu familia. El conocimiento siempre te traerá libertad, además te permitirá relacionarte con personas más interesantes.

Hay una diferencia entre aprender e ir a la escuela. Muchos tuvimos la mala fortuna de que nuestros maestros fueran muy malos, y si a eso le agregamos que nuestra escuela era aburrida y sin un buen sistema educativo, entonces nos vacunaron contra el estudio. ¡Qué triste! Se le atribuye a George Bernard Shaw la siguiente frase: "Desde muy niño tuvo que interrumpir la educación para ir a la escuela." ¿Qué piensas?

Además, en el colegio nos daban una serie de temas que debíamos conocer, sin importar lo que a nosotros nos gustaría aprender. Si quieres regresar a la escuela, sería genial. Pero si decides aprender, entonces además será muy divertido. Cuando pienses en aprender, no pienses en un salón de clases, mucho menos en exámenes y en horarios. Piensa en que conocerás las respuestas más interesantes a las preguntas que siempre te has hecho.

Me duele el estómago cuando veo a un niño de primaria que, como si fuera una canción, repite una y otra vez: "Dos por una dos, dos por dos cuatro, dos por tres seis..." ¿Crees que esto es aprender? ¡Claro que no! Esto es un martirio.

Aprender es divertido; memorizar y guardar información sin razonarla es muy aburrido. Usaré un ejemplo para mostrarlo. Cuando aprendiste a manejar, no sabías y probablemente todavía no sepas cuáles son todas las partes del motor del coche; pocos saben cómo funciona un motor de gasolina y uno de diésel. Pero si tuviste la oportunidad, sabes que un coche puede llegar a Acapulco y que "en el mar la vida es más sabrosa". A esto me refiero, aprender nos abre un universo de posibilidades y de experiencias. Hay una pintura muy famosa de Picasso, *Guernica*. Si la ves, al principio sólo notarás un conjunto de animales destrozados, hombres deformes, figuras sin sentido, hasta podrías imaginar que es una pintura hecha por un niño. Te pido que busques la imagen en internet. Si sabes por qué Picasso pintó esa obra y todo lo que significa, es muy probable que te haga llorar. Ese cuadro habla de la Guerra Civil Española, cuando aliados de Francisco Franco bombardearon esta localidad española, donde todos eran inocentes. Fue una masacre, nadie imaginaba que un líder de la nación estuviera de acuerdo en destruir a su propio pueblo. En la pintura puedes ver que hay una paloma con un ala rota. Significa que la paz estaba herida.

Podemos aprender de pintura, de teatro, de música. ¿De qué te gustaría aprender? ¿Sabes bailar? Es muy divertido bailar salsa, danzón... ¡Atrévete! No tengas miedo, ahora más que nunca se puede aprender.

Hace algunos años necesitaba saber sobre finanzas, no cumplía con todos los requisitos necesarios para ingresar a ese curso de maestría. Así que fui con el maestro y con el director de esa universidad y le dije: "Quiero aprender, no me interesa el papel donde diga que aprendí, sólo quiero el conocimiento, y me gustaría que me dieran la oportunidad. Sé que debo esforzarme más que mis compañeros, pero si me permiten ingresar, les demostraré que puedo con este reto." ¡Y me dieron la oportunidad!

En mi caso, y en el de muchos de nosotros, no necesitamos un papel que nos diga que sabemos, sólo queremos saber. Estoy seguro de que muchos expertos pueden ver en la pintura de Picasso más símbolos y más historia, pero cuando tienes la experiencia de ver el *Guernica* de frente, se te hace un nudo en la garganta y lloras al ver expresada la violencia de la pintura. ¿Qué importa que no tenga un papel donde me diga que soy licenciado en arte? Y al contrario, ¿de qué sirve tener un papel donde diga que soy ingeniero automotriz, si no sé manejar?

¿Alguna vez has estado en el Zócalo de la Ciudad de México? Sin duda, es un lugar hermoso, lleno de historia, sangre, tragedia, sueños, vida, esperanza. Si tienes la oportunidad de caminar, podrás ver la Catedral Metropolitana, el Palacio Nacional. Para cualquier persona son tan sólo un conjunto de edificios. Pero si estudias un poco la historia del lugar, sabrás que allí nació nuestro país, en ese mismo espacio pelearon los mexicas contra los españoles, por ese lugar han transitado todos los presidentes de México, nuestros héroes y nuestros grandes líderes. Por desgracia, en la escuela sólo nos obligan a memorizar fechas. Todos los mexicanos tenemos la obligación de vivir la experiencia del "Grito de Independencia" el 15 de septiembre. Ojala algún día puedas ir, pero no sólo a gritar "Viva" después de que el presidente de México diga el nombre de algunas personas, sino a conocer quiénes fueron y por qué son héroes.

Cuando aprendes un nuevo idioma, agilizas tu cerebro, es como hacer abdominales con la mente. Y en este aspecto admiro al primer actor, el señor Ignacio López Tarso. Él no utiliza apuntador, memoriza cada obra que presenta. Si pudiéramos ver su mente, estoy seguro de que veríamos una mente muy atlética y fuerte. Entre más estudiemos, mejor salud mental tendremos. Algunos científicos creen que entre más estudies, menor probabilidad habrá de padecer enfermedades como Alzheimer o Parkinson. Si aprendemos un nuevo idioma, conoceremos otra cultura, una nueva forma de ver el mundo, tan interesante como la nuestra.

1. Estudia lo que más te apasiona.
2. Las personas más preparadas tienen pláticas más interesantes, pueden conseguir mejores trabajos y, si eres soltero, es una buena forma de conocer a personas más interesantes. Dicen que verbo mata carita.
3. El internet es un maestro disponible todo el día, todos los días del año.
4. Hay páginas de videos en internet, donde puedes aprender desde cómo se pone un botón de ropa hasta cómo construir un coche. ¿Sobre qué tema te gustaría saber?
5. Si un día en la tarde ves que está lloviendo, muchas personas pensarán que se van a mojar. Pero tú sabrás que la lluvia es milagrosa, son pocos los planetas que tienen agua líquida. En el espacio hay mucho hielo o vapor de agua.

"SI ESTUDIAS, PASA EL TIEMPO. SI NO ESTUDIAS, PASA EL TIEMPO. ¡MEJOR ESTUDIA!" SIMÓN ANDRADE Q.

8

El amor en los tiempos del desamor

ACE UNOS MESES UN GRUPO DE AMIGOS nos invitó a mi esposa y a mí a cenar. Asistieron unas doce personas, no conocía a todos, pero el ambiente de la cena fue muy agradable. La plática se fue centrando en una señora joven, quien tiene problemas con su marido. Nos explicaba lo malo que era su esposo y los malos tratos que le daba. Sinceramente, a mí no se me hacía que la relación estuviera tan dañada, pero esta mujer todo lo veía desde una perspectiva muy oscura. Una de las asistentes, amiga mía, decidió divorciarse hace un par de años. Ella tomó la palabra y, para sorpresa de todos, esto fue lo que le dijo: "Creo que tienes razón. ¡Divórciate! Ese hombre es lo peor que te pudo pasar en la vida, no te merece, eres una víctima y no deberías verlo nunca más." Todos nos quedamos con la boca abierta, porque no era para tanto, así que escuchamos lo que mi amiga siguió diciendo: "Creo que eso es lo que querías escuchar, que sufres mucho y que tu matrimonio no tiene solución. En este momento te diré que lo dejes y de seguro te irás a tu casa muy contenta porque la gente te dio la razón. Pero cuando te hayas divorciado, ninguno de nosotros estará cuando te sientas sola, mucho menos cuando haya un ruido y te llenes de miedo. No estaremos a tu lado cuando, un domingo en la tarde, tengas ganas de compartir un pedazo de pastel. Tampoco estaremos a tu lado cuando debas pagar la luz o el agua."

Esta lección nos puede servir a todos. Debemos analizar nuestras relaciones de una manera más objetiva. Muchas veces nos lastimamos porque nuestro esposo o nuestra esposa no nos llama cuando lo necesitamos, o porque tiene años que no tiene un detalle con nosotros. Sabemos que podemos vivir mejor nuestra vida en pareja. ¡Claro que podemos mejorarla! Pero no se trata de tener el matrimonio de los cuentos de hadas, sino de ser un equipo.

Hay pequeños detalles que debemos pasar por alto para llevar bien nuestra relación. Si nos molesta mucho que nuestra pareja deje destapada la pasta de dientes, ¡pues ciérrala tú! ¿En verdad es tan molesto? ¿Es tan terrible el dolor que nos causa? Debemos hacer a un lado los pequeños y absurdos detalles, y enfocarnos en lo importante.

Algunas mujeres lloran porque sus maridos no las llevan a comer los domingos a un restaurante. ¿Se han preguntado si él está cansado? ¿Estar encerrados el fin de semana es causa de divorcio? ¿No será también un problema de actitud?

El otro día iba a cenar con mi esposa y unos amigos a un restaurante. Tomamos la avenida y cuando decidí dar vuelta a la izquierda, mi esposa dijo: "Es hacia la derecha." Por supuesto dije: "No, es en esta dirección", y en ese momento se arruinó la armonía del camino. Conforme seguimos el recorrido, me di cuenta de que estaba equivocado y sentí la sonrisa discreta de mi esposa y un letrero con luces de neón que brillaba con intensidad en su frente que decía: "Te lo dije", entonces me tuve que regresar. Y cuando tomé el rumbo que ella me había señalado desde el principio, ¡deseaba que estuviera equivocada!

Seamos más tolerantes. En la vida no importa tener siempre la razón, sino tener siempre las razones para seguir amándonos.

Este capítulo no es sólo para casados, también va dedicado a los solteros: hay amor en los tiempos del desamor. Muchas personas han decidido no enamorarse porque creen que en general "ya nadie quiere casarse." ¿Crees que esto sea cierto? Muchas mujeres dicen que los hombres ya no se quieren comprometer y muchos hombres opinan lo mismo de las mujeres. ¿No habrá un error aquí?

Existen solteros que desean que alguien se comprometa con ellos y que esa persona los ayude a cumplir sus sueños y metas. ¿Pero cuántos solteros están dispuestos a cumplir este tipo de compromiso? Muchas personas sólo desean recibir y pocos quieren dar lo que tanto piden. Imaginemos que hay un jefe en una oficina que no les paga a sus empleados, pero sí les exige llegar temprano, vestir elegantemente, estar limpios, comportarse con actitud de servicio y trabajar en un horario flexible. Estoy seguro de que a la primera semana, cuando los empleados no reciban su pago, se marcharán de la oficina. El jefe entrará en crisis y se preguntará, ¿por qué ya no hay empleados comprometidos? ¡Sería absurdo!

En el matrimonio o en cualquier relación de pareja, aunque sean novios, no podemos pedir lo que no estamos dispuestos a dar. Vivimos en un mundo lleno de amor, tenemos la posibilidad de compartir todo lo que tenemos. La palabra *compartir* es la clave para vivir con alegría.

Muchos solteros, cuando están solos, desean pasar su tiempo con una persona especial, imaginan que podrían ir juntos al supermercado, a tomar un café y a disfrutar las tardes soleadas del domingo. Pero, en algunos casos, sólo se busca una pareja para llenar un vacío en el tiempo, o para no sentirse solos. ¡Esto no es amor! Y, por supuesto, las relaciones basadas en las necesidades de sólo uno de los miembros de la pareja no podrán prosperar. No busques una relación para no sentirte solo, mucho menos para que te acompañen a realizar las labores del hogar, porque esto no es amor, es necesidad de compañía.

Solteros y casados, hemos malentendido el amor muchas veces. Suponemos que sentirnos acompañados y atendidos es un síntoma del amor. Pero el amor no está relacionado con los beneficios que recibimos, el verdadero amor lo experimentarás cuando compartas tiempo, sueños, ilusiones, trabajo, dinero, esfuerzo y una serie interminable de acciones para beneficiar a la persona que quieres amar. En la actualidad, la gente cree que siente amor, cuando el estómago siente mariposas, porque iniciando una relación, se experimenta algo parecido. Esta sensación no durará más de tres meses, después, las mariposas se irán y hasta ese momento empezarás a conocer de verdad a tu pareja.

Al principio tenías una revolución de químicos en el cerebro que te hacían sentir en las nubes cuando te encontrabas con esa persona tan especial, pero después de un tiempo, quizá por la costumbre, tu cerebro regresó a la normalidad. ¿Qué sucederá entonces? A partir de ese momento podrás conocer de verdad a la persona con la que convives, podrás ver sus defectos, sus carencias y la real dimensión de sus cualidades. En este punto puede surgir el amor, cuando de cierta manera ves con claridad quién es él o ella. O bien, es aquí donde muchas personas deciden terminar el noviazgo porque "ya no sienten lo mismo", o como suelen decir "es que antes era diferente." Y, obviamente, ya no es igual que al principio por una simple razón científica: esas sensaciones fueron creadas por tu cerebro, y no por la persona que crees amar.

Si continúas con la relación, te esfuerzas y tratas de compartir todo lo que tu corazón puede dar, entonces podrás enamorarte. ¡Y son buenas noticias! Porque tendrás sensaciones mucho más intensas. Estarás en camino de conocer la intimidad. En ese lugar, las palabras sobran, puedes tener pláticas en silencio y recordarás las "mariposas en el estómago" y te darás cuenta de que eso es para principiantes.

Me complace mucho ver parejas de ancianos por las calles de las ciudades. Quizá así sean tus abuelos, muchas veces van peleando, o se enojan porque ella se tardó o porque él no se detuvo en donde ella quería. Aparentemente están discutiendo, pero cuando sus ojos se encuentran tienen un diálogo profundo, quizá porque no están acostumbrados a decirse palabras de amor, pero ese enojo en realidad es un encuentro entre sus dos almas.

¿Alguna vez has sentido que tu alma ha sido escuchada por alguien? Ése es el camino para el amor. Los estándares de belleza dicen que las mujeres deben tener ciertas características para ser hermosas y si una de ellas no cumple con todos los requisitos, entonces no se le considera candidata para una posible relación. Con frecuencia escucho decir: "Me divierto mucho con ella, es increíble, pero no es muy bonita, lástima, porque si lo fuera, me enamoraría de ella." ¿No es una tontería? Los estándares de belleza sirven para las campañas publicitarias, no para que nuestro corazón se comunique.

Si tienes una relación, recuerda que hay amor de sobra en el mundo. Si estás solo es porque no lo estás buscando, el amor siempre sale a nuestro encuentro, el amor no es discreto, grita, es visible. ¿Por qué hay quienes no lo encuentran? Porque buscan un sustituto del amor y hay una lista enorme de suplentes: la pasión, la dependencia emocional, el egoísmo, la necesidad de ser atendido, etcétera.

También en el trabajo y en los negocios hemos olvidado el amor. Quienes forman a las empresas sólo piensan en las utilidades. Y aunque muchas empresas patrocinan causas nobles, lo cierto es que muchas de estas iniciativas tienen fines publicitarios. No digo que esté mal, simplemente se nos ha olvidado agregar como ingrediente principal el amor. Algunos empresarios ven el registro de la hora de entrada y de salida, un minuto tarde es castigado, pero salir una hora más tarde "es obligación del trabajador". Entiendo que hay muchas excusas para no llegar a tiempo pero, en ocasiones, los empleados son vistos como "mano de obra". Me pregunto si conocemos a nuestros compañeros, quizá sabemos su nombre, pero sólo los identificamos por la labor que desempeñan. Es curioso que se ignore a la señora que hace el aseo, porque los ejecutivos sólo conviven con los colegas del mismo nivel en el organigrama.

¿Sirve el amor en los tiempos de la mercadotecnia? Estoy convencido de que sí, porque los clientes agradecemos el trato amable y cordial. Hace algunos años, fui de viaje a Estados Unidos. En el camino, la luz del tablero del coche perdió intensidad y tuve que ir a un taller mecánico. Desde que entré al negocio me atendieron con amabilidad, les expliqué el problema y me dieron una cotización. El precio me pareció justo. Me dijeron que regresara en dos horas y, cuando volví, mi coche estaba limpio y estacionado en donde hacen las entregas. Admito que me sorprendí mucho. Me dirigí a la caja y me dijeron que había un problema con la facturación de la reparación, porque me habían dado un costo y hubo un cambio inesperado. Por supuesto me enojé, sabía que me cobrarían más y me sentí muy molesto. Cuando llegó el encargado, me explicó que ellos habían cotizado suponiendo que varias piezas estaban dañadas, pero en realidad sólo había sido un pequeño problema y el costo se redujo a menos de la mitad del presupuesto inicial. Me quedé sorprendido. ¡Y me sentí todavía más emocionado, cuando me di cuenta de que era una empresa de capital mexicano! ¡Eso es amar a nuestros clientes!

1. En el mundo hay miles de millones de personas, y ninguna es igual a otra. Cada quien tiene una historia diferente, sueños distintos, experiencias únicas. ¿Estás seguro de que no hay nadie esperándote?

2. Muchas personas, después de ser heridas, se han refugiado en la soledad para no ser lastimados nunca más. Pero es en el exilio emocional cuando se hacen daño a sí mismas, se castigan por haber elegido mal una vez. Si se perdonaran, sabrían que los errores dan experiencia. No elimines el amor de tu vida por causa del pasado.

3. El amor no es la pieza que falta en tu vida, mucho menos está fuera de ti. El amor es parte de tu vida, lo encontrarás cuando estés dispuesto a compartir todo lo que eres y todo lo que has aprendido. Tú eres un fabricante de amor.

4. ¿Quieres que alguien se enamore de ti? Enamórate tú primero.
5. Cuando un deportista hace mal un ejercicio, lo intenta otra vez. Si se equivoca de nuevo, lo intenta una vez más. Lo repetirá un número incontable de ocasiones, hasta que haya logrado hacer el ejercicio. ¿Te has equivocado en el amor? ¡Inténtalo una vez más!

"AMAR NO ES SOLAMENTE QUERER,
ES SOBRE TODO COMPRENDER."
FRANÇOISE SAGAN.

9

Honra a tus padres

Los psiquiatras y terapeutas apoyan esta verdad: "Honra a tu padre y a tu madre." Esta frase tomada de la Biblia dice así: "Honra a tu padre y a tu madre, que es el primer mandamiento con promesa, para que te vaya bien y seas de larga vida sobre la tierra" (Efesios 6:2-3).

Todos conocemos a personas muy trabajadoras, que intentan un negocio y no prosperan. Después inician otro proyecto y es otro fracaso y otro y otro. Por alguna "extraña" razón, les va mal y nunca salen adelante. Si los conocemos un poco, de seguro podremos descubrir que tienen un problema con sus papás. Esto es un hecho comprobable, no se trata de clases de religión ni de Biblia.

Como mencioné, los terapeutas han encontrado que cuando un hijo está mal con cualquiera de sus padres, parece que las oportunidades desaparecieran y todo le sale mal. Si éste es tu caso, creo que debes continuar leyendo este capítulo.

¿Qué es la honra?

Cuando un hijo ama a sus padres, les ofrece su apoyo y su amor, decimos que los honra. Se nota a simple vista, por ejemplo, cuando se hablan por teléfono y se saludan con amor y respeto. La honra hacia los padres implica ofrecerles dinero si es que podemos ayudarlos en sus problemas y tratar de que su vida sea lo más cómoda posible. También se trata de ser responsables, trabajadores y que nuestros padres no se avergüencen por lo que hacemos. El amor no es un sentimiento "bonito", sino uno que se demuestra con acciones.

¿Qué significa deshonrar a tus padres?

Nuestras abuelas decían: "No le levantes la mano a tu mamá, porque se te secará."Esta expresión que intentaba educar a todos los niños malcriados tiene una gran profundidad. Cuando con nuestras acciones "golpeamos" a nuestros padres, nuestra mano se seca, no tenemos dinero, nos fallan los negocios y en el trabajo nunca nos aumentan el salario.

Si estás en esta situación, seguramente tienes un problema con tus papás. Es probable que seas la víctima y que te hayan golpeado, quizá te abandonaron o, de alguna manera, sientes que te hicieron daño. Estamos de acuerdo en que tienes toda la razón para sentirte así.

El problema radica en que cuando te enojas con tu papá, por ejemplo, te enojas con "la paternidad". El papá siempre te da el patrimonio y la mamá nos ofrece el matrimonio. Si te enojas con tu papá, hay algo —no sé ni qué sea— que te impide recibir lo mejor de la vida. Cuando un hijo maldice a su padre, será un hijo muy pobre y muy limitado.

Esto no quiere decir que tu papá sea el ejemplo del mejor padre, pero tampoco es el ejemplo del peor. Si tus padres ya murieron, perdónalos. Si todavía están vivos, intenta relacionarte con ellos. Si esto no es posible, todavía hay esperanza; el problema radica en la actitud que tenemos hacia ellos.

Te propongo que hagas un ejercicio muy sencillo. Un día ve a un parque o a un lugar donde puedas estar solo y si crees en Dios dile que te acompañe en este experimento. Quédate un momento sin decir nada y después, desde el fondo de tu corazón, bendice a tu papá y a tu mamá. Diles que les deseas que sean muy felices, que les vaya muy bien, deséales salud, bienestar, tranquilidad, prosperidad, amor... Todas las mañanas, en silencio, cuando salgas a trabajar di en tu corazón: "Deseo estar bien con mis padres y desde aquí los bendigo."

Te aseguro que las cosas cambiarán poco a poco. Si crees que necesitas ayuda al respecto, puedes ir con un terapeuta de confianza, o acude a tu iglesia, ahí te pueden ayudar.

Hace algunos años estuve en un programa de concursos en la televisión. Teníamos que realizar algunas acciones para que una persona pudiera cumplir sus sueños. En una ocasión estuvimos "sentenciados". Esto significaba que podríamos salir del concurso si no cumplíamos con algunos requisitos. Los integrantes del equipo buscábamos el apoyo de la gente de todas las maneras posibles, fuimos a otros programas de televisión, a programas de radio, nos presentamos en distintos lugares para lograr la simpatía de la gente porque estábamos muy comprometidos con el sueño de nuestro competidor.

En este momento de alto compromiso con el concurso, un reportero de espectáculos nos invitó a su programa, que se transmitía en la empresa más importante de televisión mexicana. Mi equipo y yo fuimos al programa. La entrevista estaba relacionada con el concurso y los problemas que habíamos tenido. Le pedíamos a la gente que nos diera su apoyo. Hasta aquí todo era muy normal, pero justo cuando creí que se iba a terminar la entrevista, el titular del programa me dijo: "Ernesto, tengo unas imágenes de tu papá, pues te manda un mensaje." Me dio mucho gusto esta sorpresa, porque imaginé que mi papá me iba a dar su apoyo y que les iba a decir a las personas algo bueno de lo que estábamos haciendo y que, probablemente, esto incrementaría la simpatía del público. ¡Pero fue todo lo contrario! Mi papá empezó a hablar muy mal de mí, dijo muchas cosas que me dolieron mucho, sus comentarios fueron muy ofensivos; no los mencionaré porque no quiero recordarlo, siempre intento pensar en lo mejor que me dijo mi papá.

El entrevistador nunca me advirtió, jamás me preparó para todas las ofensas que me hizo mi papá. ¿Puedes imaginarte cómo me sentí? Estoy seguro de que a muchas personas sus papás los han ofendido, pero somos pocos los que hemos padecido esta situación en televisión a nivel nacional. Supongo que esperaban que mi reacción fuera la más fuerte o que hiciera un espectáculo, quizá lo que deseaban era que también agrediera a mi papá. Así que el entrevistador dijo: "Ernesto, ya escuchaste a tu papá. ¿Qué le contestas?" Mi mente se sentía confundida. Son pocas las ocasiones en las que me he sentido tan lastimado, pero mi corazón supo contestar lo que mi mente no podía comprender. Así que les dije: "Ese hombre que ustedes vieron en la pantalla es mi padre, gracias a él estoy vivo y gracias a él estoy aquí. Así que no tengo nada más que decir."

No pretendo ser ejemplo para nadie, pero creo que ese día honré a mi papá. Me sentí muy satisfecho porque no dije algo que no sintiera, de verdad, es un orgullo ser su hijo. Ese día pude haber reaccionado de la peor manera, pude haber dicho una serie de palabras de las que, sin duda alguna, me arrepentiría toda la vida, pero preferí honrar a mi padre.

Al salir del programa, mi teléfono sonó. Era mi papá, lloraba mucho, me pedía que lo perdonara una y otra vez. No tenía nada que perdonarle, yo amé y amo mucho a mi papá. Así que ese error que cometió no pudo separar mi corazón del suyo.

Pude tomar este incidente como una justificación para hablar mal de mi papá, incluso actuar de la manera que todo mundo esperaba, pero no lo hice. Ahora que los años han pasado y he visto claros ejemplos de personas que han deshonrado a sus padres, me siento muy agradecido de que nunca seguí ese camino.

Los medios de comunicación siempre han estado al acecho de mi familia. Una nota amarillista vende muchas revistas; para la mayoría de ellas no es importante si lo que dicen es cierto o es un invento, sólo quieren vender más ejemplares. Y menciono esto porque muchas veces la gente leía cosas sobre "Jorge Vargas" o sobre "Lupita D'Alessio", pero para mí, esa noticia hablaba de mi papá o de mi mamá. Es cierto, muchas veces las notas eran ciertas y me dolía que la gente supiera nuestra intimidad, porque sólo se fomentaba el morbo y la nota no pretendía nada más que exhibirnos. He visto cómo se destruyen familias a causa de una nota.

Pero ahora, si te parece, es necesario que nos enfoquemos en ti. ¿Has deshonrado a tus padres? Primero que nada, entiendo que es muy probable que hayas tenido muchas justificaciones, algunos padres cometen error tras error. Pero aunque ellos se equivoquen, te sugiero que los honres porque el único perjudicado o beneficiado serás tú. He visto a muchas personas que cuando están a punto de salir adelante, el negocio se desmorona, la oportunidad ya no está a su alcance o tienen una vida llena de limitaciones. Si éste es tu caso, te pido que no juzgues a tus papás. Puedes criticar a cualquier persona del exterior y podrás hacerlo con mucha certeza, pero en el caso de tus papás, siempre estarás equivocado y no es porque seas tonto, sino porque tu corazón siempre estará presente y te dará una percepción errónea.

Muchos de nosotros quisiéramos saber por qué actuaron así nuestros papás. La mejor respuesta que te puede dar paz es "no sé", porque podemos pasarnos la vida entera suponiendo sus motivaciones y sus razonamientos, pero nunca sabremos la verdad. Es mejor que sepas que jamás te enterarás de sus motivos y tendrás descanso.

Sé de una mujer que padeció incesto, un caso verdaderamente difícil y doloroso. Por supuesto no pretendo sugerirle que su padre sea parte de su familia, mucho menos que conviva con sus nietos, eso es decisión de cada persona. Pero, a pesar de todo, es posible honrar a nuestro padre. Y no me refiero sólo al señor de carne y hueso que te transmitió la vida, debemos abrir nuestros ojos y ver un poco más allá. Si juzgas a tu padre, juzgarás la paternidad. Tu papá es tan sólo un reflejo de la paternidad, podríamos decir que es Dios. Sé que esto suena místico y confuso, pero es muy sencillo. Trataré de explicarlo de otra manera.

Imagina que estás en el mar, tomas un vaso y lo llenas de agua. Supongamos que en ese vaso hay agua y también hay un pez que tan sólo de verlo te da miedo. ¿Podríamos decir que todo el mar es feo o malo? No, tan sólo ese vaso tuvo la mala fortuna de contener a un pez terrible. Algunas personas podrían maldecir el agua del vaso, pero recuerda que esa agua es parte del mar. Otros podrían juzgar al agua del vaso porque tuvo la mala fortuna de traer un pez muy feo, pero de nuevo te recuerdo que ese vaso de agua es parte del mar. Si juzgas a tu papá, estás jugando algo mucho más grande que es la paternidad. Y en la mente de todos los hijos, es decir, de todos los seres humanos, está ligado tu papá, con la paternidad.

Por supuesto, también podrías tener problemas con tu mamá, pero en nuestra cultura latina es más frecuente que tengamos más conflictos con nuestros padres. La situación es exactamente la misma, no juzgues lo que hizo tu madre, porque tendrás problemas con la maternidad.

Ama el mar y quizá, con el tiempo, algún día mejores tu relación con tus padres.

1. Si tu situación económica o familiar ha estado envuelta en muchos descalabros, es tiempo de que analices tu relación con tus padres.
2. Lo he mencionado muchas veces: este mundo tiene abundancia de amor, de aire, de oportunidades, de sueños. Si careces de muchas cosas, analiza tu relación con tus padres.

3. Si tus padres ya no están aquí y tienes un problema con ellos, puedes ir con un terapeuta o con un líder espiritual, ellos podrán ayudarte a honrar a tus padres, a pesar de su muerte.
4. Honrarlos no significa que tengan que ser parte de tu vida, sé que hay heridas que no pueden sanar tan fácilmente, respeto tu dolor.
5. Recuerda que serás padre o madre, al menos eso te deseo, trata de ser el padre que tus hijos necesitan, no el que tú querías para ti.

> "HASTA QUE LO INCONSCIENTE NO SE HAGA CONSCIENTE, EL INCONSCIENTE SEGUIRÁ DIRIGIENDO TU VIDA Y TÚ LE LLAMARÁS DESTINO." CARL GUSTAV JUNG.

10

Perdona

PERDONAR, A VECES LA GENTE CREE QUE HACERLO, siempre es un acto injusto. ¿Tengo que perdonar al niño que me molestaba en la escuela y me ofendía mucho? ¿Tengo que perdonar al jefe que me despidió sin razón aparente? Perdonar no es olvidar. Porque, seamos sinceros, ese tipo de olvido no está en la capacidad humana.

Mientras no perdonemos, estaremos encerrados en el dolor. Una y otra vez estaremos masticando el pasado y nos causará daño. Hay personas que fueron heridas hace treinta años y te pueden platicar ese día del pasado como si fuera hoy, todavía recuerdan la ropa que usaban, el día del mes, de la semana y hasta lo que comieron.

¿Qué significa perdonar? No se trata de olvidar, mucho menos de volver a confiar ciegamente en la persona que nos hizo daño, o regresarle la confianza absoluta. Perdonar significa "soltar", o dicho de otra manera: "Es soltar nuestra intención de arreglar el pasado."

Si una maestra nos puso en ridículo frente a todo el salón, perdonarla significa que recordaremos ese momento, pero en vez de preguntarnos ¿por qué no me defendí, o por qué no le dije algo? En vez de eso, debemos reconocer que ya no es posible arreglarlo, ya no se puede hacer nada; el pasado, quedó en el pasado. Perdonar significa, entonces, reconocer que en este momento ya no puedo hacer nada y que tengo un presente y un futuro para arreglar esa situación.

Cuando un amigo nos hace daño, podemos pasar la vida preguntándole: "¿Y por qué me dijiste eso? ¡No debiste hacerlo! ¿No pensaste en el daño que me harías?" Seguramente podremos pasarnos mil años con estas preguntas y nunca encontraremos una respuesta que nos convenza. Pero perdonar sería decirle a nuestro amigo: "Me hiciste daño, creo que ahora, en el presente, me gustaría que hicieras algo para resolverlo." Si esta persona en verdad quiere nuestra amistad, hará algo para que el problema se resuelva.

En el caso de una pareja que se divorcia, muchas veces el odio sigue presente por años, pues ninguno desea perdonar. Aquí surge una situación muy interesante, mientras estemos odiando a esa persona, ella seguirá siendo parte de nuestra vida, sabemos que si la perdonamos, se irá de nuestro pensamiento diario y ya no formará parte de nuestra vida, por eso, muchas veces decidimos odiar, para que "supuestamente" siga en nuestro pensamiento.

Cuando una persona decide no perdonar, con seguridad se enfermará de los huesos o de cáncer. Esto no es una regla, pero sucede frecuentemente. Cuando alguien nos lastima, debería salir el letrero: "No perdonar es nocivo para la salud."

El odio es como una lupa que corta nuestra visión y nos obliga a centrar toda nuestra mente en un punto en el pasado. Este tipo de vida no es sano y rompe con la alegría.

¿Qué es el perdón? El perdón significa dejar de intentar resolver el pasado, con nuestro presente. Ya sabes que te hicieron daño, así que pasas por tu mente la misma escena una y otra vez, y piensas: "¿Por qué hice eso? ¿Por qué hice lo otro? ¡Si tan sólo hubiera hecho esto!" En tu mente se repite el mismo hecho una y otra vez. Cuando hablas con la persona que te lastimó, le reclamas como si estuvieras viviendo la ofensa en ese mismo instante, pero sabemos que por muy arrepentida que esté esta persona, no puede hacer nada, absolutamente nada para cambiar el pasado.

Perdonar significa soltar: soltar nuestro deseo de que el pasado sea distinto y de que las personas reaccionen en ese pasado de otra manera. ¡Esto es imposible! Además, desperdiciamos nuestro presente reviviendo el acontecimiento dañino una y otra vez, así dejamos de vivir el momento.

El perdón, insisto, tampoco significa que volvamos a confiar ciegamente en la persona que nos hizo daño. La confianza se regala una vez, la segunda debe ser conseguida con esfuerzo y dedicación. Además, puedes ofrecer la confianza nuevamente o incluso puedes reservártela, no es obligación confiar otra vez.

"LO QUE ME MOLESTA NO ES QUE ME HAYAS MENTIDO, SINO QUE DE AHORA EN ADELANTE YA NO PODRÉ CONFIAR EN TI."
FRIEDRICH NIETZSCHE.

Sería conveniente, una vez se calmen los ánimos y si lo crees prudente, tener un encuentro con la persona que te hirió. Sería muy bueno que escucharas su punto de vista; quizá descubras algunos factores que no habías tomado en cuenta o también comprendas que su intención no era hacerte daño.

Si llegan a un acuerdo, entonces el problema se terminó. Pero si hay cosas pendientes y crees que es necesario que esta persona haga algo por ti, tienes el derecho de sugerirlo. Supongamos que hizo un comentario muy agresivo acerca de ti, delante de muchas personas. Puedes decirle que te gustaría que arreglara las cosas. No se trata de que vayan todos y se haga una junta, pero sí de que quien te haya agraviado explique su error y se evite que el problema continúe.

En algunas ocasiones, hay hombres que tienen serios problemas con personas a las que ya no ven o incluso están muertas. Sería muy importante considerar esta posibilidad: cuando guardamos rencor, no dejamos que los demás se vayan de nuestras vidas. Hay muchos casos de viudas que deciden odiar a su marido que falleció y lo culpan por haberse ido y haberlas dejado solas. En realidad, lo que desean es que continúen a su lado. Intentan usar el rencor para que esas personas continúen siendo parte de sus vidas. Por un tiempo, este mecanismo de defensa es sano y es una buena opción, pero llegará el día en que sea necesario darnos cuenta de que esa persona ha muerto, que debemos continuar con nuestras vidas.

Muchas mujeres que fueron engañadas por un novio toman el mismo camino que mencioné. Deciden odiarlo y no darse la oportunidad de encontrar una nueva relación. Creen que si odian, el "ex" seguirá por lo menos en su mente y "continúa" a su lado.

El rencor no debe ser un lastre para nuestras vidas. Perdonar no es un acto de valentía hacia quien nos hizo daño. Perdonar es un acto de amor hacia nosotros mismos, pues nos permite descubrir que somos capaces de empezar de nuevo, de tomar un mejor rumbo y de aprender.

Para muchas personas es casi imposible perdonar, porque de manera tradicional nos han dicho que debemos hacer como si nada hubiera pasado. Creo que esto va más allá de las capacidades humanas, porque no somos tontos, sabemos que no volveremos a confiar en determinadas personas. Además, el perdón toma tiempo, las heridas físicas tardan en sanar, nuestra alma también debe asimilar la situación.

Cuando el perdón es hacia alguien más, podemos sacarlo de nuestras vidas. Pero hay una situación muy dolorosa, se trata de cuando debemos perdonarnos a nosotros mismos. Durante muchos años he guardado un secreto muy doloroso, de algo que me costó mucho trabajo perdonarme. Cuando pensé en escribir esto, no pude aguantar las lágrimas, todavía me lastima mucho lo que no hice.

Cuando era adolescente, vivía con mi hermano Jorge en la casa de mi papá... bueno, un tiempo en casa de mi mamá y a veces en casa de mi papá; cuando se enojaba uno, nos íbamos a la casa del otro, eran tiempos complicados. En una ocasión, mi papá nos regañó mucho y nos fuimos de la casa, creo que vivir con él era nuestro punto de partida, porque la dirección que dábamos era la de él. Así que a los pocos días regresamos mi hermano Jorge y yo. Ahora Jorge se enterará de que contaré acerca de esta situación, que me apena mucho. Cuando regresamos, mi papá tenía el cinturón en su mano y metió a Jorge a una recámara, donde le dio muchos golpes y lo lastimó mucho. Cuando se cansó de golpearlo, lo sacó de la recámara. Vi a Jorge muy lastimado, entonces era mi turno. Mi papá me metió a la recámara, yo estaba aterrado, había escuchado los golpes y sabía lo que me esperaba, eran varios días de dolor. Pero mi papá me dijo en voz baja: "Grita cuando le pegue a la pared. Y entonces mi papá le daba golpes a la pared y yo tenía que gritar, para que mi hermano Jorge supiera que nos había pegado a los dos."

No me he perdonado esto que fue una traición hacia mi hermano. Pero en el momento no supe qué hacer. ¿Decirle que me pegara a mí también? ¿No gritar? Tenía mucho miedo, los golpes de mi papá no eran caricias, él era un hombre muy alto y fuerte. No puedo cambiar el pasado y me ha costado perdonarme, porque muchas veces me descubro imaginando que pude haber hecho algo diferente. Comprendo que era un adolescente, sé que mi instinto de supervivencia actuó de la manera más lógica, pero me duele.

¿Qué tienes tú para perdonarte? ¿Te gustaría perdonar a alguien más? Hoy es un buen día para perdonar y continuar viviendo en el presente.

1. Perdonar no es olvidar. Olvidar es pretender que nada sucedió y eso es humanamente imposible.
2. Nuestros padres son las personas que más nos han herido, no porque sean malos, sino porque son con quienes más

convivimos en nuestra formación. Pero si estamos vivos, es porque algo hicieron muy bien.

3. Entre más convivas con alguien, más conflictos habrá. Dale a cada acción su propio valor.

4. Para perdonar, no se necesita tiempo, tan sólo se requiere decisión..

5. Sin importar qué te hayan hecho, si no moriste en ese momento, es porque eres más fuerte que las circunstancias. Descubre tu fortaleza, es importante que comprendas lo valiente que has sido.

"LA VIDA NO ES UN PROBLEMA QUE DEBE SER RESUELTO, SINO UNA REALIDAD QUE DEBE SER EXPERIMENTADA", SOREN KIERKEGAARD.

11

Viaja

ABITAMOS UN MUNDO ENORME, lleno de oportunidades, repleto de lugares hermosos y de posibilidades. Pero el mundo que tú y yo conocemos muchas veces se limita a la ciudad en la que nacimos, y esto ¡no es justo!

Un amigo español vive aquí en México con su esposa. Un día nos estaba platicando que en España casi todo se come con pan. Una persona que nos acompañaba preguntó: "¿Lo prefieren más que la tortilla?" Por un momento nadie entendió la pregunta, pues la persona que la hizo no sabía que en España nadie come tortillas. Le explicamos que las tortillas son mexicanas, que se comen en México y donde haya un mexicano, pero la mayoría de los países no come tortilla. Esta persona no salía de su asombro, no comprendía cómo era posible comer sin tortilla.

Este ejemplo nos puede sorprender a muchos, pero ilustra cómo nos encerramos en nuestras costumbres y sospechamos que todas las personas viven como nosotros. Y no necesitamos ir tan lejos como España. En Monterrey es muy común que haya enfriadores de aire en las casas, porque el calor es muy fuerte. En ciudades del centro del país sólo se usan los ventiladores, porque el calor no es tan fuerte como en el norte. Entre más podamos viajar

POR UNA VIDA PLENA

por nuestro país, mejor comprenderemos a la gente de nuestra ciudad de origen.

Viajar nos hace más sensibles a las necesidades, nos hace más agradecidos con lo que tenemos y también rompe nuestros esquemas de comodidad. Cuando conocemos la forma en la que comen en otros estados del país, valoramos más la comida de nuestra casa. Pero también somos muy afortunados al disfrutar nuevos sabores.

La mayoría de nuestros problemas se genera porque estamos encerrados en una burbuja. Me atrevería a decir que vas de tu casa al trabajo y del trabajo a tu casa, y sólo rompes la monotonía cuando vas de compras. Atrévete a recorrer tu ciudad por los lugares que casi nunca visitas. ¿Y, por qué no, un día visitas una ciudad cercana? Romper la monotonía de nuestro paisaje nos permite, sin duda, romper la monotonía de nuestros pensamientos.

Todos debemos visitar y conocer gran parte de México (y, por supuesto, del mundo). Es muy importante conocer el Zócalo del Distrito Federal, recorrer la avenida Reforma. Asiste a un concierto en el Auditorio Nacional y vive la experiencia del futbol en el Estadio Azteca. Me gustaría que algún día puedas ver los volcanes, pero no olvides conocer el Océano Pacífico, ve la salida del sol desde el Golfo de México. ¡No te pierdas la arena de Cancún!

Entre más conozcas, más te darás cuenta de que tus problemas son muy pequeños, que tu mente y la mía son muy pequeñitas, y que debemos ser más inteligentes, más valientes y más dispuestos para conseguir nuestros sueños.

Cuando viajes, con sólo abrir los ojos podrás ver que hay personas con más necesidades que las tuyas, podrás ver de frente las necesidades de las personas. Todo eso no lo podemos ver en nuestra ciudad, porque ya conocemos el paisaje, evitamos pasar por los lugares que nos causarían algún malestar y preferimos las calles más agradables. Y cuando estamos de viaje, el mundo se nos presenta sin filtros, espontáneo, genial. Deseo que puedas disfrutar un atardecer en el bajío mexicano. El cielo parece que se quema todas las tardes, los colores amarillos y rojos envuelven las nubes que no pudieron escapar y las llenan de la noche que inicia.

Los viajes también nos permiten olvidar por un momento los problemas de la vida diaria, nos permiten tener una nueva visión y ¡qué mejor si vas con tu familia! Estoy seguro de que todos han trabajado mucho, así que un merecido descanso no es un lujo, sino una necesidad para recuperar fuerzas y tomar un respiro.

Los viajes o las vacaciones normalmente son vistas como un desperdicio de tiempo para la gente muy trabajadora. Pero cuando estamos siempre envueltos en la rutina, dejamos de percibir las oportunidades que están justo frente a nuestros ojos, así que por negocio es bueno salir de la ciudad de vez en cuando.

Además, los viajes no tienen por qué ser tan caros, puedes salir de tu ciudad en temporada baja y descubrirás que puedes ir a todos los destinos a un precio mucho más accesible; podrás encontrar que los lugares de descanso están solos para ustedes y además no tendrás que hacer filas. Si es posible, puedes ir a un lugar caro, por muchos días, pero si no, ve pocos días a los mejores lugares. Hay gente que prefiere ir muchos días a un lugar muy económico, pero las incomodidades hacen que el viaje sea más cansado y regresa sin ningún beneficio. Te sugiero que vayas a los mejores lugares aunque sean pocos días, pero que sea un lugar donde puedas relajarte y sentirte muy bien atendido. Merecemos que, por unos días al año, alguien haga todo por nosotros. No se trata de malgastar el dinero, sino de ser muy inteligente y sacar el mejor provecho.

Si vas a conocer una ciudad o un país, es muy importante que te informes con mucho tiempo de anticipación, para que aproveches tu estancia. Lee un poco de historia del lugar, así conocerás su comida tradicional y algunos datos que te permitan ir a los mejores lugares. En algunas ocasiones es recomendable que vayas con un guía, pues ellos te mostrarán los sitios más importantes y, después, si queda tiempo, podrás visitar los de menor importancia.

Lo mejor que puedes hacer es caminar por las ciudades. En una ocasión, estaba en Praga, salí muy temprano por la mañana y regresé al hotel hasta muy noche. Cuando caminas por las calles, descubrirás el olor de la comida de las casas, escucharás a las personas en sus conversaciones cotidianas y podrás conocer la cara real del lugar donde te encuentras.

1. Visita los destinos que se te hagan más interesantes, no los más populares.
2. Para conocer una ciudad, lee con anticipación los eventos más importantes en su historia y los héroes que allí vivieron.
3. Las ciudades tienen secretos que desean compartir contigo, pero también hay aventuras esperándote.
4. No lleves ideas preconcebidas, permite que cada destino te sorprenda.
5. Si puedes, viaja al extranjero, hay un mundo de posibilidades para ti.

> "EL ÚNICO VIAJE VERDADERO DE DESCUBRIMIENTO CONSISTE NO EN BUSCAR NUEVOS PAISAJES, SINO EN MIRAR CON NUEVOS OJOS." MARCEL PROUST.

12

Cuida tu alimentación

L A MAYORÍA DE LAS PERSONAS SUBIMOS DE PESO, no porque comamos de todo, sino porque comemos mucho de muy pocos alimentos. Si en verdad comiéramos de todo, nuestra dieta estaría muy balanceada y tendríamos un peso ideal. Observa la comida que hay en tu refrigerador y date cuenta de que siempre hay lo mismo cada semana. Siempre comes las mismas frutas, el mismo tipo de carne y hasta las mismas verduras.

Nunca debes olvidar que es muy importante que comas de forma adecuada. Debemos consumir todos los nutrientes necesarios para que nuestro organismo se prepare para todos los cambios hormonales que viviremos.

Recuerda que debemos comer cereales, frutas, verduras, lácteos, grasas, pescados, carnes, mariscos... Y, claro, de vez en cuando una que otra comida chatarra. ¡Son muy ricas! Pero no todos los días. Cuando tengo hambre, me preparo fruta con chile en polvo, es muy rica, me permite sentir mi estómago saciado y, al mismo tiempo, lo nutro.

Algunos estudios han demostrado que muchos jóvenes sufren la caída del cabello desde antes de los treinta años; la razón es que consumen muy pocas grasas. Debemos agregar grasas a nuestra dieta, pero también debemos usarlas con mucho cuidado para no engordar.

Si tienes algunos kilos de más, deberías pedir asesoría a un nutriólogo. Además puedes tomarte algunos productos que te permitan llegar a tu peso ideal. La ciencia ha desarrollado muchas alternativas que te permitirán estar delgado.

Entre más kilos tengas, es más probable que desarrolles enfermedades del corazón y algunas otras enfermedades tan peligrosas como la diabetes. No dejes que los kilos se acumulen conforme pasan los años. ¡Intenta comer de todo! Este consejo te permitirá tener una vida más larga y al mismo tiempo, tendrás más energía para disfrutar todas las sorpresas que la vida te tiene preparadas.

No es sólo una cuestión estética, son razones de salud y de una vida más placentera. Cuando nos enfermamos, empiezan más problemas, hay más gastos, debemos ir al hospital, tomar medicina y seguir una serie de indicaciones de los médicos. ¡Es mejor prevenir!

La guía de un nutriólogo es fundamental. Muchas veces suponemos que las dietas que vemos en las revistas son muy buenas, porque ponen la imagen de una mujer muy delgada y un hombre muy musculoso. Pero recuerda que cada cuerpo es diferente, dependiendo de la edad, y nuestras necesidades de nutrición también son muy distintas.

¿Qué hago yo? Por lo general, hago cinco comidas. En la mañana empiezo con un desayuno muy nutritivo, a media mañana tomo un suplemento alimenticio. Alrededor de las dos de la tarde hago mi comida más fuerte, trato de comer proteína y nunca mezclo dos tipos de carbohidratos. En la tarde, alrededor de las seis, tomo otro suplemento y trato de cenar ligero.

Hace unos días invité a unos amigos a cenar a la casa. Estábamos pasando grandes momentos y recordé que había helado, aunque les invité, nadie quiso, así que abrí el bote y empecé a comer. Todos ellos se sorprendieron porque me comí todo el bote de un delicioso helado de chocolate, cremoso, con trozos de chocolate amargo... estaba muy rico. Pero para mí eso no es sorpresa, de vez en cuando lo hago, hago mucho ejercicio, mi cuerpo no se desestabiliza por lo que pueda comer. Disfruto mucho la comida, la pasta es mi comida favorita.

Para muchas personas la comida es un problema, pero es un error verla como una enemiga, pues gracias a que comemos estamos vivos. El verdadero enemigo a vencer, ni siquiera nos ha dado la cara, es el sedentarismo. Pasamos muchas horas del día sentados en la oficina, comemos lo primero que encontramos y con mucha grasa y pocos nutrientes, salimos de nuestro trabajo y manejamos muchas horas en el tráfico.

Si dedicamos treinta minutos a la semana para planear nuestra alimentación, te aseguro que todos bajaríamos de peso. Además, hasta las grandes cadenas de comida rápida están incluyendo ensaladas en sus menús. Sólo se requiere que desees una alimentación más saludable. Al principio, será muy molesto, tal vez complicado y aburrido, pero te sentirás con más energía y podrás hacer más cosas de las que haces ahora. Mejorarás tu salud, incluso tu piel se verá más saludable.

La mayoría de las personas quieren vivir muchos años, yo no me imagino pasar mis últimos días sin moverme, sentado en una silla de ruedas y enfermo. Es mejor prevenirlo, para que nuestra vejez sea una época muy agradable, en donde podamos jugar con nuestros nietos y no estar sentados viendo cómo se divierten los demás.

El agua es muy importante, pero siempre se nos olvida. Preferimos tomar un refresco que un poco de agua. No deseo iniciar una guerra contra las bebidas embotelladas, prefiero darte los beneficios de tomar agua. Se resumen en las siguientes ventajas:

- Pierdes peso.
- Tendrás más energía, pues tu cuerpo estará hidratado. La deshidratación atenta contra tu salud en todas las áreas.

• Muchas personas se quejan de dolor de cabeza, el 90% de los casos se eliminaría con un vaso de agua grande. ¡Haz la prueba!

Intenta comer todos los alimentos que se te presenten, no elijas siempre los que están fritos, hay mucha variedad. Además, es muy importante que nuestro paladar pueda conocer todos los sabores y las texturas posibles.

México es un país rico en gastronomía. La cocina mexicana es una de las tres más importantes del mundo. Estamos a la altura de la cocina francesa y la italiana, pero los mexicanos tenemos más platillos que Italia y Francia juntos.

Las mujeres no se atreven a comer las vísceras, sin embargo una vez que las prueban les gustan mucho. La gastronomía es parte de la cultura, así que si deseamos ser más cultos, debemos comer de todo. Quizá un viaje por Oaxaca te permita disfrutar la cocina mexicana tradicional. ¿Ya probaste el mole negro, el amarillito o el coloradito? Cada municipio de Oaxaca tiene, al menos, un mole representativo. Por supuesto, si vas a Yucatán, debes comer la comida tradicional. ¿Y tú sólo comes pollo frito? ¡Por favor! Atrévete a conocer México por medio de tu paladar.

La gente cree que las personas que salimos en la televisión sólo comemos en restaurantes de revista, pero no es así. He comido delicioso en muchos restaurancitos de Michoacán, de Puebla, y por supuesto, de la Ciudad de México.

¿Te estoy diciendo que comas de todo? ¡Claro que sí! Una comida variada no sólo te dará salud y gran experiencia culinaria, también te permitirá conocer nuevos sabores. Muchas personas odian las acelgas o las espinacas, pero esta idea no es correcta, más bien lo que odian es la manera en la que las probaron, porque si las preparan con otra receta, probablemente disfrutarán mucho el sabor. ¿Has comido el pastel de nopal hecho con miel de agave? ¡No sólo es delicioso!, es muy saludable porque se prepara con harina integral y la miel de agave es muy recomendable.

No te cierres al mismo menú aburrido, porque si dices que te encanta comer, entonces no estás siendo congruente. ¡Come de todo! Incluye también las verduras. Todos los días procura que tu comida contenga una fruta o una verdura de un color diferente. La naturaleza nos ha provisto de estos alimentos tan sanos y tan baratos para que nos nutramos.

Las verduras no sólo son baratas, también tienen distintos beneficios, dependiendo de su color. ¿Has comido berenjenas? ¡Agrega color a tu comida! Por extraño que parezca, muchos cocineros creen que las verduras sólo son las zanahorias, el brócoli y las calabacitas.

1. Si te gusta comer, come de todo un poco. Comer tacos, tortas y pizza no es "comer de todo", es limitarse a un grupo de alimentos. Come frutas de todos los colores, verduras y vegetales frescos que no sean sólo los tradicionales.
2. México es un país rico en gastronomía. ¿Qué esperas para descubrirlo?
3. Toma agua.
4. Incluye vitaminas y minerales, un nutriólogo puede recomendarte los más adecuados para tu organismo.
5. Las verduras no son extraterrestres, son tus amigas, no les tengas miedo.

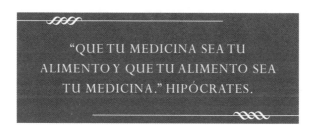

"QUE TU MEDICINA SEA TU ALIMENTO Y QUE TU ALIMENTO SEA TU MEDICINA." HIPÓCRATES.

13

Descansa

¿CONOCES A PERSONAS que sólo viven para trabajar? Ahora se les llama "adictos al trabajo". Son personas que no hacen nada más aparte de trabajar. ¡Eso no es vida! Nuestro cuerpo merece descanso, debemos darle la oportunidad de recuperarse de todas las tareas de la semana.

Muchas personas ocupan el sábado y el domingo para hacer arreglos en la casa, en el coche y para hacer las compras, no digo que esté mal, pero es conveniente dedicarnos al menos una tarde a la semana para no hacer nada. Y eso de no "hacer nada" es un decir, necesitamos un tiempo para respirar y estar en contacto con nosotros mismos. Durante la semana nos esforzamos por trabajar mucho y conseguir nuestros planes, cuando hacemos un alto en nuestra vida, podemos ver todo lo que hemos hecho y lo que nos falta.

En este tiempo que dediques para descansar, puedes ver una película, regar tu jardín, leer un buen libro, ideas no faltan, pero debes tener muy claro que es un momento de reflexión para que nuestra vida tenga más fortaleza.

Lo más importante de la vida es compartir los mejores momentos con las personas que amamos, así que invierte lo mejor de tu semana con las personas que te aman y que amas. Pasa el mayor tiempo posible con tu pareja, con tus hijos, no olvides a tus padres y recuerda tener amigos.

Soy muy trabajador y siempre tengo ocupaciones. Disfruto mucho mi trabajo y todos los días hago compromisos y pocas veces tengo el tiempo suficiente para descansar. Soy muy sano, hago ejercicio y tomo vitaminas, minerales, factores de transferencia y todo lo necesario para estar bien, pero de vez en cuando me enfermo de gripa. Y cuando me enfermo, ¡me enfermo! En realidad, no creo que sea ningún virus, simplemente mi cuerpo me dice: "Necesito descansar, así que por unos días no cuentes conmigo." Es en esos momentos cuando reflexiono, y me doy cuenta de que debo dedicarme más tiempo para estar tranquilo. Trato de hacerlo, pero creo que es una idea que debo practicar con más frecuencia.

Cuando descanses, observa a tu familia, tal vez no has notado cuánto han crecido tus hijos, quizá tampoco has advertido que a tus padres ya se les notan los años y que a ti ya te salieron algunas arrugas. El descanso es el tiempo ideal para estar en contacto con el paso de la vida sobre nosotros. Muchas cosas suceden frente a nuestros ojos, pero la prisa y el trabajo nos impiden descubrir los grandes acontecimientos. En la calle notamos que van a poner una tienda o que abrirán un nuevo centro comercial ¿Y hace cuánto tiempo que no te das cuenta de que tu jardín necesita una planta o que tu esposa o tu esposo tiene alguna necesidad?

El descanso nos permite retomar nuestros sueños, nos recuerda que de niños deseábamos tener una familia o una casa, que nuestros hijos jugaran. Y ahora que quizá ya lo has logrado, debido a tu esfuerzo, no te has dado el tiempo para disfrutar tus logros. Es cierto, falta mucho por recorrer, mucho, pero has avanzado. Si tan sólo te dieras cuenta de todos los días que has luchado o que te has sentido derrotado, esas batallas emocionales y físicas necesitan ser digeridas por tu mente. Y para lograrlo, se necesita descansar.

La frase "tómate un respiro" no es tan simple como imaginamos. En realidad, respirar es una actividad que realizamos mal. Si te fijas, tus pulmones están en tu pecho, pero cuando respiramos inflamos el estómago. ¿No es incongruente? Pocas veces dejamos que entre el aire suficiente a nuestro cuerpo, además, muchas personas cometen el error de inhalar y apretar el estómago y cuando exhalan, inflan el vientre. Es evidente que respiramos mal, con un órgano que no es el indicado y, además, la calidad del aire de las ciudades es tan malo, que podríamos asegurar que respiramos mal, poco y de mala calidad. Esto no sólo genera estrés y angustia, además causa un desgaste en nuestro cuerpo. Al no tener el oxígeno necesario, nuestro cerebro se fatiga más y no genera todas las ideas que nos gustaría.

Me preocupa que tengamos que hablar de este tema. Se supone que todos sabemos descansar, pero no es así. Muchos confundimos las vacaciones con el descanso, pero hay diferencias. Descansar también implica reconocer todo lo que has caminado en tu vida. ¿Ya te diste cuenta hasta dónde has llegado? Has recorrido momentos muy dolorosos y tristes, pero también has experimentado la alegría y, sin duda, te has reído muchas veces.

¿Qué tan cansado está tu interior? Muchas personas han sido muy heridas y nunca se dieron el tiempo para reconocer su dolor y sanarlo. Algunos, después de ser heridos, tuvieron que salir a trabajar la mañana siguiente, porque había trabajo pendiente y muchas responsabilidades.

Después de un divorcio ¡cuántas personas no salen a buscar ese mismo día a alguien que les haga compañía! Son muchos los casos de personas que no le permitieron al corazón descansar y sentirse solo. ¿Y si descansaras?

Me duele cuando sé de alguien que sale de una mala relación, para involucrarse en una peor, y en cuanto terminan, ya están buscando un suplente. Supongo que este tipo de comportamientos sólo hacen que nos sintamos más solos, más vacíos y, además, que tengamos una vida sin sentido. ¿Y si tomaran un descanso de la vida que llevan? Quizá el miedo a la soledad los obliga a relacionarse con la primera persona que pasa por enfrente.

¿Cuántas personas pasan años de su vida envueltos en las drogas? ¿Será que nunca se cansan? Pero también hay personas que nunca tomaron un descanso del rencor y del odio. ¿Has descansado de tus inseguridades? Como actor, puedo desempeñar muchos papeles, así que puedo actuar como "vendedor" o como cualquier oficio que necesite en un momento. ¿Podrías "actuar" de manera diferente a como siempre lo has hecho? ¿Y si dejáramos de interpretar siempre el mismo papel? ¡Descansa de la vida que llevas!

En algunos casos, es recomendable la ayuda de un terapeuta o un guía espiritual, pero la mayoría de las personas sólo necesita descansar un poco.

1. La vida es muy corta, reflexiona de vez en cuando y descubre todo lo que has dejado pasar. ¿Crees que vale la pena seguir por el mismo camino o podrías mejorarlo?
2. Respira, el aire representa la vida. Entre más oxígeno respires, más vida podrás experimentar, no le temas.
3. Descansa de los errores que has cometido, no tienes que seguir comportándote de la misma manera. Toma mejores decisiones.
4. Entra en contacto con tus emociones, date un tiempo para sentir y escucharte. Le dedicamos mucho tiempo a la televisión y muy poco a conocer nuestro interior.
5. Si puedes, corre todos los días, estarás en contacto contigo mismo.

"ALGUNAS PERSONAS SUEÑAN CON EL ÉXITO. MIENTRAS QUE OTRAS DUERMEN, DESPIERTAN Y TRABAJAN DURO PARA LOGRARLO." ANÓNIMO.

14

Haz lo que amas

L A VIDA ES MUY CORTA, es apenas un pestañeo en el tiempo. Si haces memoria, tiene muy poco tiempo que jugabas en la calle con tus amigos de la primaria. No sabemos cómo, pero los años transcurrieron con mucha rapidez. Si retrocedes un poco en el tiempo, podrías sentirte en el salón de la primaria con tus compañeros y la maestra dando clase. Pasaron algunos años y llegaste a la secundaria. La mayoría de nosotros hicimos travesuras, nos divertimos e hicimos grandes amigos. ¡Tanto tiempo ha pasado! El tiempo se nos va de las manos, los ancianos todavía con una sonrisa te platican sus aventuras de la niñez, de las canciones que escuchaban cuando eran jóvenes. Observa su rostro, estoy seguro de que añoran esos días y también han descubierto que el tiempo se va tan rápido, que da la sensación de permanecer quieto.

Viviremos, según las últimas estadísticas, entre setenta y ochenta años. Lo importante es vivir intensamente y ser siempre positivos, aprovechar el tiempo siempre, y hacer de cada experiencia una gran lección.

Lo más triste que puede suceder en la vida es que no hagamos lo que queremos. Hay personas que en su niñez desearon ser abogados, pero las circunstancias no lo permitieron y ahora se dedican a un trabajo que no les gusta. ¿Estás dispuesto a morir sin haberlo intentado?

Hace tiempo estuve en una maquiladora, grabando unos comerciales para una marca. Me llamó la atención una mujer que desde muy temprano llegaba a trabajar, pasaron las horas y ella seguía pegada a la máquina de coser. Yo me levanté, caminé, grabamos una parte del comercial, después regresé, me senté de nuevo y la señora seguía trabajando sin despegarse un instante de su lugar. Deseo que su trabajo le haya gustado mucho, porque si no, sería una verdadera frustración dedicarle la mayor parte de tu día a una actividad que no te gusta.

No sólo es cuestión de dinero, porque podemos justificar que nos dedicamos a un oficio, cuando en realidad queremos hacer otro, "porque no nos queda de otra" o "porque no tenemos nada más qué hacer". Cuando una persona hace lo que le gusta, su desempeño es completo. Pero cuando hacemos algo sólo por un salario, les puedo asegurar que es una vida muy desdichada.

Las personas verdaderamente exitosas hacen su trabajo con tanto cariño, que lo podrían seguir haciendo aunque no les pagaran. Recuerdo a uno de mis maestros que en verdad gozaba estar frente al salón de clases. También recuerdo a un taxista que disfrutaba mucho llevando a las personas hasta su destino. Cuando hacemos lo que nos apasiona, somos los mejores en esa área y te puedo garantizar que el éxito está asegurado.

Cuando éramos niños, podíamos jugar por horas. Si nos hubieran pagado por jugar, seríamos millonarios. Te sugiero que elijas el trabajo que más te gusta, el que desde el fondo de tu corazón siempre has deseado hacer. Puede ser que sea un trabajo que aparentemente no represente ingresos, pero cuando destaques, el dinero será una consecuencia lógica. Tengo un amigo que tiene un blog en internet, es decir, una página donde muchas personas pueden acceder gratuitamente a lo que escribe. Cada semana, por más de dos años, escribía sus comentarios. Algunos eran muy buenos, otros no tanto, pero la perseverancia le permitió conseguir distintos trabajos. Mi amigo es feliz cuando escribe, cuando sus ideas viajan por internet, por un periódico o en un libro. Lo hace con tanta dedicación que, seguramente, sus palabras llegarán un día hasta donde tú estás, todo es cuestión de tiempo.

¿Conoces a personas que odian lo que hacen? Son muy fáciles de identificar. Están en su trabajo con muy mala cara, molestos, como si te hicieran un favor al escucharte o al atenderte. Son personas tan molestas, que su presencia incomoda a todo el mundo. Estas personas deberían cambiarse de trabajo. Lejos de criticarlos, creo que deberíamos sospechar que cuando eran niños soñaban con conquistar sus sueños, y tal vez algo sucedió y no fue posible. Entre muchas de estas personas quizá se encuentre la cura para el cáncer, la solución a varios problemas de la humanidad, pero las circunstancias han impedido el desarrollo integral de esta gente atrapada entre la frustración y el miedo.

No tenemos la obligación de seguir la carrera de nuestros padres, quizá ellos sean los mejores en su área en toda la ciudad, pero sus sueños no son los nuestros, no los estamos traicionando, mucho menos los deshonramos, simplemente nos dejamos llevar por los sueños que fueron sembrados en nuestro interior desde la infancia.

Los sueños cuando no se viven pueden convertirse en pesadillas. Los sueños que se logran se hacen evidentes a toda la humanidad. ¿Te imaginas qué habría sido del mundo si por miedo Leonardo da Vinci no se hubiera atrevido a ser artista? ¿Te imaginas lo que pasará en este mundo si tus sueños no se logran? Me gustaría decirte que el mundo te está esperando, queremos saber qué soñaste y que consigas esos sueños.

Cuando convives con personas que están en la intensa lucha por conseguir sus propósitos, su cara se llena de alegría, los problemas que padecen para conseguir sus objetivos no son tan grandes para ellos, se esfuerzan todos los días, se emocionan con cada paso que dan en el camino.

No desperdicies ni un solo instante haciendo lo que no amas, por supuesto, no desatiendas tus obligaciones. Te aseguro que en muy poco tiempo tu vida estará llena de diversión, éxito y aventura.

Me gustaría relatarte mi experiencia con el teatro. Siempre pensé que sería cantante, mis primeros proyectos estuvieron relacionados con la música. Muchas personas me han dicho que les gusta mi voz, aunque a mí no me gusta, es algo con lo que tengo que trabajar. Como mis papás fueron cantantes, era de esperarse que yo también me dedicara a la música, pero es algo con lo que nunca me sentí cómodo. Cuando éramos niños, a mi hermano Jorge y a mí nos pedían que cantáramos en las fiestas, para mí era insufrible, pero Jorge cantaba, bailaba y era evidente que él disfrutaba los aplausos.

La vida me llevó por muchos caminos, me dediqué a la música, a las telenovelas. Un día, mi hermano Jorge fue a Nueva York, a Broadway, y vio el musical *Los miserables*. Recuerdo que cuando salió del teatro me llamó y muy emocionado me dijo: "Ernesto, es lo más hermoso que he visto. ¡Tienes que verla!" Desde ese día, Jorge me insistía en que me dedicara al teatro, él creía que yo podría ser bueno en eso. En una ocasión hubo una convocatoria porque se presentaría *Los miserables* en México. En esa llamada, mi hermano me insistía en que tenía que interpretar a Marius; no puedo describirte lo que sentí en mi corazón cuando Jorge me platicó de esa oportunidad. Sólo recuerdo que mi corazón palpitaba muy fuerte, sospeché que me enfrentaba a algo muy grande. Asistí a la convocatoria, los productores eran americanos, así que no había ningún conocido que me pudiera dar algún trato especial. Ahora lo agradezco. Desde que estaba en esas filas interminables, decidí no interpretar a Marius, sino ser ese personaje, desde ese instante me sentí como él y traté de pensar como él. Cuando tocó mi turno canté y lo hice con tanta emoción y con tanto cariño que descubrí que el teatro y yo habíamos iniciado una relación a largo plazo.

Cuando terminé de cantar, salí y nadie me dijo nada. Iba llegando a la puerta cuando alguien de la producción se me acercó y me dijo que tenía que presentarme para una prueba más. Regresé cuando me lo indicaron y volví a cantar, y me citaron para otro día. No recuerdo cuántos filtros pasé, sólo sé que quedamos tres candidatos y nos dijeron que ellos nos llamarían. Para ese tiempo tenía planeado un viaje a Europa, me fui con el deseo de quedarme en la obra. Estando allá le llamé a mi hermano y le pregunté si me habían llamado y no, no había sonado el teléfono. Fue cerca de un mes el tiempo que pasé en Europa.

Cuando regresé del viaje, en el aeropuerto me estaba esperando Jorge, me tenía noticias: había marcado Morris Gilbert y tenía una cita con él en pocos minutos, así que del aeropuerto fuimos al teatro. Ese día nací como actor de teatro musical y desde entonces cada vez que me subo a un escenario siento la misma sensación de cuando presenté ese *casting*. Mi corazón palpita de una manera especial cuando escucho: "Tercera llamada, comenzamos."

Esa temporada en el teatro gané muy poco dinero. El tiempo de los ensayos no lo pagaban a los principiantes. Cuando empezaron las presentaciones, tampoco hubo mucho dinero, pero a mí no me importó, yo sabía que estaba haciendo lo que más amaba, el dinero podría esperar.

Desde ese día he estado en muchas obras, lo que más amo es el teatro musical, porque puedo bailar, actuar, cantar y disfrutar el contacto con el público. Espero que ningún productor lea esto, pero estoy convencido de que podría hacer teatro, aunque no me pagaran, porque es una de las grandes pasiones de mi vida. ¿Qué te apasiona a ti?

1. Muchos niños decidieron jugar futbol toda su vida, ahora lo hacen profesionalmente y son parte de equipos muy famosos. Lo más curioso es que ellos tomaron en serio que el resto de su vida querían jugar. Lo están haciendo ¡y hasta les pagan!

2. Cuando amas lo que haces, nunca tendrás competencia, porque lo haces por amor, con gusto y porque lo disfrutas, a diferencia de otras personas que quizá tengan que hacer ese mismo trabajo con mucho esfuerzo. Si eres auténtico, siempre serás el mejor.

3. Si no sabes cuál es tu vocación, te pido que observes el mundo y contestes esta pregunta: ¿Qué puedo hacer para que este lugar sea aún más maravilloso? Si lo contestas con toda sinceridad, encontrarás tu vocación.

4. Si hasta este momento no has encontrado algo que te motive y que te apasione, no te preocupes. Aunque no recuerdo quién dijo esta frase, creo que es maravillosa: "Las personas más interesantes que he conocido en mi vida no sabían qué hacer cuando tenían cuarenta años."

5. Hasta este momento, sólo hemos acumulado experiencias, nos hemos equivocado tantas veces que, como resultado, somos expertos en muchas cosas. Es tiempo de aprovechar todo este conocimiento y ponerlo a nuestro servicio.

> "ELIGE UN TRABAJO QUE TE GUSTE Y NO TENDRÁS QUE TRABAJAR UN SOLO DÍA DE TU VIDA." CONFUCIO.

15

No temas empezar desde
el principio

TENER UN CARÁCTER INFLEXIBLE, rígido y sin deseos de modificarse es una debilidad. Tener un carácter así es quizá la mayor debilidad de cualquier persona. Carácter significa: "Una señal o una marca, una *característica* de la personalidad." Algunos de nosotros quizá hemos presumido que tenemos mucho carácter y a lo mejor hasta hemos criticado a quien en apariencia no lo tiene. Pero lo mejor que nos puede pasar es precisamente no tener un carácter inflexible.

Algunas personas son muy enojonas y sabemos que así actúan siempre. Pueden ir a la playa, a una fiesta, al teatro, al trabajo, a donde sea, y siempre se comportan de la misma manera: son enojones. El carácter duro no nos permite adaptarnos a la vida, nos predispone, nos hace rígidos, inadaptados, predecibles, aburridos. No debemos confundir "carácter inflexible" con determinación o fuerza, eso es otro tema.

En cambio, es un placer cuando una persona es de una manera en el cine y de otra manera completamente distinta cuando se enfrenta al estrés. Esta capacidad de movimiento nos permite ser más felices, amigables y, por supuesto, más libres.

El 23 de septiembre de 1939, murió Sigmund Freud, padre del psicoanálisis. En sus estudios proclamó una idea que Santiago Ramírez divulgó como "infancia es destino", es decir, de la manera en que hayas sido educado y de la forma en que hayas pasado tus primeros años, de esa misma forma vivirás el resto de tus días. Por fortuna, casi antes de morir, el mismo Freud cambió su teoría y dijo que era muy probable que el hombre pudiera cambiar su forma de vida.

A quienes creen que los eventos actuales son el resultado inevitable de un hecho del pasado se les llama "deterministas", para ellos no existe el libre albedrío. Para los deterministas, vivimos en una especie de obra de teatro en la que todo está escrito y sólo representamos el destino que nos espera. Si esto fuera así, no tendríamos la responsabilidad de ninguno de nuestros actos.

Pero la experiencia, por fortuna, nos demuestra que todos podemos cambiar. Muchos hijos de padres drogadictos simplemente no lo son. Muchas personas han cambiado su vida, por supuesto con esfuerzo, dedicación y trabajo, pero es posible cambiar. La frase tan absurda "es que yo soy así" sólo demuestra que quien la dice tiene carácter inflexible. Que fue herido y le quedó una marca, es inadaptado, sufre y necesita ayuda. Hay aspectos de nosotros mismos que definitivamente no podemos cambiar, como son el color de nuestra piel, de nuestros ojos, nuestra estatura... Pero todo aquello que no es físico, puede ser transformado: la personalidad, la cultura, nuestra manera de reaccionar, incluso se pueden modificar algunas emociones como las fobias.

Lejos de escondernos en la frase "así soy yo", deberíamos sacar a la luz nuestras reacciones y analizarlas. Es posible cambiar. El hombre no es de piedra, felizmente es un ser sentimental con capacidad de cambio.

Seamos valientes y no culpemos al pasado, a nuestros padres, a nuestra historia o a quien sea de nuestra forma de actuar, porque cada uno de nosotros somos los verdaderos responsables. Dejemos de lado el carácter inflexible y consigamos una forma de ser auténtica.

¿Qué puedo cambiar de mi carácter? Inicia por conocer las razones por las que la gente se enoja contigo. Todos sabemos cuáles son nuestros puntos más débiles y además los hcmos consentido. Lo mejor que podríamos hacer es comprender que estas formas de comportarnos han causado muchos malestares a las personas con las que convivimos.

¿Qué te ha dicho tu novio o tu novia? Aunque nos dé mucho coraje, estos puntos que nos señalan podrían ser el principio de nuestro cambio. ¡Atrévete! Si eres muy callado, intenta ser un poco más sociable, puedes platicarlo con tus amigos y decirles tu proyecto de cambio. Además, estos pequeños cambios deberían hacerte sentir muy emocionado, estás a punto de iniciar una nueva vida, pero desde otro ángulo.

Muchas veces esperamos un milagro de Dios que modifique nuestro carácter y que nos haga personas distintas. Pero creo que eso ya sucedió, tenemos lo necesario para ser como mejor nos parezca. Si ser violento te ha traído muchos problemas, es tiempo de serenarse y hacer las cosas de acuerdo con tu nueva forma de vida. No llegará una señal del cielo que te haga actuar de otra manera, si esperas algo, en todo caso, sería la madurez y a nuestra edad, creo que tenemos la suficiente.

Muchas veces nos conviene actuar de una manera en especial, por eso no queremos cambiar, pero cuando un agresivo se encuentra con uno mucho más agresivo y más fuerte, entones las cosas cambian y entra el "espíritu conciliador". Todo es cuestión de encontrar nuestro propio beneficio.

En momentos de vida o muerte, no nos da pena nada, podríamos salir desnudos a la calle, si con eso salvamos la vida de alguien. ¿Quién se acordaría de la pena? En realidad, el carácter no es nuestra limitante, es la comodidad la que nos hace actuar siempre de la misma forma.

Así que no te dé miedo empezar desde el principio; puedes comenzar a trabajar con la forma en la que te enfrentas al mundo. No tienes un contrato firmado, si eres muy enojón, mañana mismo, así, sin más trámites, puedes ser una persona alegre. ¿Quién puede decir lo contario? Y no es que te eche porras, es que es una realidad.

Todos hemos escuchado casos de personas que un día dejaron de fumar, no tuvieron que ir a una clínica que los convenciera, sólo un día descubrieron que no era lo que querían y cambiaron. Dejar un vicio es muy complicado y, a pesar de eso, lo lograron. Nosotros no somos diferentes de ellos, ¡tenemos los recursos suficientes para cambiar!

Muchas veces la vida nos hace una amable invitación a cambiar, aunque también muchas veces llega con una orden. Recuerdo el caso de una mujer muy cercana a mi familia. Siempre estaba enferma de todo, le dolía a cabeza, el ojo, el hombro, todos los malestares imaginables y uno más, ella los padecía, aunque sabíamos que no tenía muchas ocupaciones y tenía todo el tiempo del mundo para estar pensando en enfermedades. Su casa olía a farmacia, siempre estaba tomando medicina y muchas veces llamaba al médico, porque la medicina le causaba nuevos malestares. Su carácter era tímido, era una mujer insegura, de mirada triste y no sabía cómo enfrentar los problemas de la vida diaria, todo lo resolvía su marido. De manera inesperada quedó viuda, sus hijos todavía estaban muy chicos para hacerse cargo del negocio familiar, así que esta mujer, a sus cuarenta y siete años, tuvo que enfrentarse a la vida, a pesar de sus enfermedades y achaques. ¡Y lo logró! Quizá fueron todos los problemas que se le presentaron, quizá fue la necesidad de asegurar el futuro de sus hijos, pero de la noche a la mañana salió de su casa y tomó las riendas del negocio. Muchas personas pensaron que se iría a la ruina, pero por fortuna dejó de ser tímida e insegura. Con los proveedores discutía de costos, tiempos de entrega y calidad; a los clientes les ofrecía el mejor trato y las mejores condiciones del mercado. ¡Su cambio fue increíble! En pocos meses ya era una mujer de negocios muy exitosa, algunos habían pronosticado su ruina y ahora es un ejemplo para muchas personas.

La vida es así, nos sorprende para bien y para mal. Debemos estar preparados. Si eres un hombre muy callado, es tiempo de hablar; dejemos los traumas de niños para otro momento, estamos por llegar a la mejor parte de nuestra vida, así que todos nuestros dolores y tristezas pueden esperar.

Debemos esforzarnos por divertirnos más, no somos viejos, tenemos el derecho de hacer todos los cambios que sean necesarios para que encontrar el mejor sentido a nuestra existencia. Pero hagámoslo ahora, cuando tenemos la salud y la fuerza necesarias, no esperemos a que la vida llegue con una orden y debamos cambiar o morir. Si empezamos desde el principio, descubriremos que tenemos valor y experiencia.

1. No tienes firmado un contrato para actuar de la misma manera siempre. Si eres muy explosivo, es tiempo de ser una persona serena y conciliadora.
2. Podemos cambiar nuestro carácter, lo que no podemos cambiar son las características físicas de nuestro cuerpo, aunque un cirujano plástico podría estar en desacuerdo.
3. Los seres humanos estamos compuestos principalmente de agua, así que podemos tomar diferentes formas. Elige la mejor para ti.

4. Enfrenta tus miedos, descubrirás que son humo. Entre más miedos venzas, más libertad para actuar como quieras encontrarás.
5. Haz cambios cuando todavía tienes tiempo, no cuando debas hacerlos.

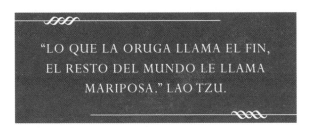

"LO QUE LA ORUGA LLAMA EL FIN, EL RESTO DEL MUNDO LE LLAMA MARIPOSA." LAO TZU.

16

Toma fotografías

Las fotos muestran nuestro pasado. Las fotografías nos muestran los detalles simples de nuestra vida. Con el paso de los años, recordamos la ropa que usábamos, vemos la forma en que éramos y descubrimos el paso del tiempo. Las fotografías son una evidencia objetiva de todo el camino recorrido. Es probable que una foto nos recuerde un logro personal, como cuando compramos nuestro primer coche; los días de más alegría, como la boda de un amigo.

Las fotos nos permiten estar en contacto con nuestra gente. Es probable que no hayas notado cuánto han crecido tus hijos y gracias a una foto descubras que las cosas han mejorado. Muchos pueden ver las fotos con nostalgia; otros, con esperanza en el futuro al descubrir que han progresado.

Además, las fotografías nos pueden recordar a las personas en esos momentos en los que nos divertimos tanto, cuando tuvimos ese incidente gracioso en las vacaciones, el día en que un niño importante para nosotros dio sus primeros pasos.

Las fotografías nos hacen sentir humanos. Por eso es muy importante que tomes fotos, son evidencias de los días en los que has sido muy feliz, de seguro te podrán ayudar en los momentos difíciles para recordar que tendremos un mejor futuro si seguimos esforzándonos. No se trata de que nos sintamos tristes con una imagen, al contrario. Aunque es muy posible que descubramos que ya no estamos tan delgados, que las canas un día aparecieron y ni cuenta nos dimos o que las arrugas ahora controlan nuestro rostro.

Hay muchas casas que no tienen una sola fotografía de los habitantes, son casas impersonales, frías. Creo que siempre es hermoso ver el rostro de nuestros hermanos cuando eran niños, de nuestros padres cuando usaban esas patillas tan raras. Sea como sea, las fotos nos unen con nuestro pasado, nos recuerdan nuestro origen.

Quizá la fotos de tu niñez hayan sido tomadas en una casa chiquita, de momento las imágenes cambiaron y te tomaron fotografías en una casa mediana y ahora en una casa muy grande. Las fotos muestran el trabajo y el esfuerzo de una familia, y debemos sentirnos orgullosos.

Quizá en un álbum puedas encontrar la foto de un familiar que ya no está a tu lado. No te pongas triste, mejor toma la fotografía y recuerda alguna anécdota graciosa que te haya pasado a su lado; podrías pensar en alguna lección que gracias a él aprendiste. Las personas que ya no están con nosotros nos dejaron el legado de su recuerdo, así que sonríe porque esas personas hicieron que tu existencia tenga un mejor sentido. Debes recordarlos siempre con mucha alegría.

Si te encuentras alguna foto muy chistosa de un familiar a quien tiene mucho tiempo que no ves, esta imagen podría ser el pretexto ideal para que se reúnan y recuerden esos momentos especiales. La familia nos une. Busquemos siempre todos los pretextos posibles para reunirnos y ser felices a su lado.

Las redes sociales nos permiten compartir fotografías, podemos ver todo lo que sucede con nuestros familiares día con día. Claro que una buena foto sobre una mesa o sobre un lugar especial de la casa no puede ser sustituida, así que imprime tu foto favorita y busca un portarretratos de tu agrado. Te puedo asegurar que los días serán diferentes.

Algunas veces hago videos con las fotos, subo las imágenes a mi computadora y las voy ordenando de acuerdo con un sentimiento que quiero lograr. Después, les pongo música, me divierto mucho con estos videos, porque es muy interesante programar el tiempo que quiero que salga cada imagen, muchas veces la música juega bromas.

Después de algunos días, tengo el video listo. ¡Y me siento muy orgulloso de presentarlo a mi familia! Me siento muy feliz cuando escucho sus exclamaciones de ternura y cuando recuerdan esas vacaciones especiales. Mis hijas se emocionan mucho cuando ven a Mateo, el más pequeño de mis hijos, porque quizá ellas notan, menos que nadie, el crecimiento de su hermano menor. Así que se sorprenden cuando lo ven muy pequeño o cuando todavía era un niño de brazos.

1. Toma fotografías de los momentos más chistosos y de los más comunes, con el tiempo las valorarás.
2. Recuerda que tus fotografías son personales. No publiques en las redes sociales aquellos momentos muy íntimos, guarda discreción.
3. Exhibe tus fotografías por toda tu casa, muchas veces te robarán una sonrisa.
4. Aunque las fotografías digitales no se desgastan con el tiempo, recuerda que las imágenes impresas siguen siendo un hito en tu sala.

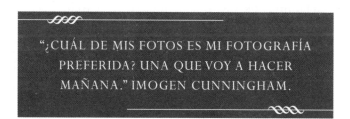

"¿CUÁL DE MIS FOTOS ES MI FOTOGRAFÍA PREFERIDA? UNA QUE VOY A HACER MAÑANA." IMOGEN CUNNINGHAM.

17

Planea tu retiro

El barco que no sabe a qué puerto se dirige,
puede llegar a cualquier destino.
ANÓNIMO

PROBABLEMENTE, A LO LARGO DE TU VIDA profesional te has tenido que enfrentar con ciertos fracasos económicos, o si decidiste emprender un negocio, por lo menos alguna vez te viste en la necesidad de cerrarlo o de cambiar de giro. Esto nos pasa a todos, cambiar de profesión, de actividad o de giro, es algo con lo que lidiamos todos los días.

Éste no es ningún problema, al contrario se trata de encontrar las mejores posibilidades para aprovechar nuestro tiempo y dinero. ¿Pero has pensado que algún día tendrás sesenta años? Cuando llegue ese momento, lo ideal sería que tengas un plan de retiro adecuado a tus necesidades. Creo que es muy buen tiempo para pensar que no te irás a vivir con tus hijos por necesidad económica, tampoco es la idea que te tengan que dar dinero para que sobrevivas. Lo más importante es que a esa edad sigas siendo independiente y continúes con el nivel de vida al que estás acostumbrado.

Por mi carácter y mi formación siempre he sido emprendedor. Por supuesto, he tenido grandes maestros que me han enseñado a cuidar mi dinero y a invertir de la mejor manera posible. Pero no todos son como yo. Así que trataré de dar distintos conceptos, espero que encuentres uno de acuerdo con tus necesidades:

a) Desde mi punto de vista, lo mejor sería que iniciaras un negocio. Todos los negocios tomarán tiempo para establecerse y, bueno, si lo que deseas es retirarte de la mejor manera, ahora mismo tienes tiempo suficiente para consolidar ese negocio del que estamos hablando. Si eres emprendedor y ya tienes uno, es conveniente que inviertas tu dinero en varios negocios, para que tengas un abanico de posibilidades más amplio. Puedes hacer una integración hacia atrás o hacia adelante. Es decir, si tu negocio es la venta de ropa, podrías integrarte hacia atrás y tratar de iniciar la fabricación de la ropa que vendes. Descubrirás que puedes seguir vendiendo la ropa al mismo precio que antes, pero tu utilidad será mucho mayor. Ésta es una buena estrategia porque aprovechas todos los conocimientos que ya tienes del mercado de ropa. Si tu negocio es la fabricación, te sugiero que te integres hacia delante e inicies la comercialización de tus productos. Siempre podrás encontrar una oportunidad de negocio, si consideras eliminar un proveedor y fabricar la mercancía o eliminar a tus distribuidores y llegar lo más cerca posible al consumidor final. Por supuesto, requerirás tiempo y esfuerzo, pero cuando tengas sesenta años, no tendrás ni uno ni otro.

b) Si trabajas en una empresa. Lo más importante es que cuides tu trabajo, hay mucha competencia y cada día las personas están más y más dispuestas a hacer lo que tú haces por una menor cantidad de dinero. No se trata de menospreciar tu trabajo, al contrario, la idea es que trabajes con mucho esfuerzo para que siempre tengas la oportunidad de crecer en la empresa donde laboras. Conoce y estudia todas las prestaciones que tienes en tu trabajo. Hay muchas prestaciones para los trabajadores que debes tomar en cuenta. En México, tenemos el IMSS, la AFORE y distintas prestaciones que pueden ayudarte a que tu retiro sea más interesante. Es muy importante que inicies un negocio propio. Algo que puedas dedicarle un poco de tiempo, porque ahora es el momento de aprovechar todos tus recursos. Un ingreso extra siempre es bienvenido, pero no llegará solo. Es muy probable que no cuentes con el dinero, pero hay muchas oportunidades de negocio que no requieren tanta inversión y siempre están disponibles. Te mencionaré algunas ideas, desde las más sencillas hasta las más complejas: venta de productos por catálogo, redes de mercadeo, un segundo empleo los fines de semana, ventas por internet, un pequeño comercio en tu casa (una papelería, cenaduría, cibercafé). Asóciate con personas de confianza que también busquen crecer económicamente, estudia administración, etcétera.

c) Haz equipo con tu familia. Si en tu casa trabajan tu esposa, esposo y tus hijos, pueden hacer un gran equipo. ¿A quién le puedes tener más confianza que a ellos? Pueden desarrollar un plan familiar para conseguir sus metas y lograr un mejor ingreso familiar. Si todos trabajan, todos ganan, no lo olvides.

Aunque no lo deseo, nos podemos equivocar a la hora de buscar un nuevo ingreso. No te desesperes, a todos nos ha pasado. Sé muy determinante, ten paciencia, esfuérzate y te aseguro que cuando tengas sesenta años te vas a acordar de este libro y vas a sonreír con una gran satisfacción en tu corazón.

Busca negocios no tan comunes. Si en tu colonia hay muchos cibercafés, no es una buena idea que pongas uno más, aunque podrías abrir un negocio de servicio para computadoras o de venta de consumibles. Hay negocios en todas partes, sólo es cuestión de abrir bien los ojos. Las grandes franquicias de comida a nivel mundial nacieron con un establecimiento, después otro y así fueron creciendo hasta convertirse en los grandes emporios que son ahora.

Desde hace algunos años, soy la imagen de una empresa que vende calzado por catálogo. Siempre que tengo oportunidad, trato de estar en contacto con los vendedores, la mayoría son mujeres que trabajan en oficinas y aprovechan el contacto con la gente para ofrecer sus productos. He sabido de muchos casos de éxito, pues el catálogo que empezó como un ingreso secundario, poco a poco se convirtió en la principal fuente de ingresos de la familia. Platicaba con una de las mejores vendedoras del 2013 y me decía que al principio ella vendía entre sus amistades, después dejó su empleo para dedicarse de tiempo completo a las ventas por catálogo. No era suficiente y su esposo también se dedicó por completo a vender. Claro que hay muchas empresas que utilizan esta estrategia de mercadotecnia para vender, pero cada uno de nosotros puede explotar el potencial que tiene. Muchas personas creen que no les gustan las ventas, pero tampoco lo han intentado, sólo es cuestión de animarse y no poner pretextos.

Hasta este momento me he enfocado en sugerirte que busques un nuevo ingreso o que hagas crecer tu negocio, y lo he mencionado de varias maneras porque creo que estamos viviendo un buen momento de nuestras vidas. Tenemos la capacidad de generar más oportunidades si tan sólo lo decidimos.

Si eres profesionista y trabajas para una empresa, me gustaría que consideraras establecer tu propio negocio. Ya tienes los contactos necesarios, sabes hacer muy bien tu trabajo, así que ¿por qué no? Éste es el tiempo de trabajar y de sacar el mejor provecho a tus fuerzas. Entiendo que atreverse a dar este paso es muy complicado, debes tener un capital para pagar las cuentas y todos los gastos que enfrentarás, pero la comodidad es mala consejera, atrévete a llegar lo más lejos posible.

1. Busca consejos de empresarios de tu confianza.
2. El miedo es un buen consejero, pues te mostrará todos los riesgos a los que te enfrentarás, planea muy bien la estrategia con la que emprenderás tu nuevo ingreso.
3. Te recomiendo que empieces poco a poco, no se trata de abandonar tu negocio e iniciar tu actividad como empresario si no tienes experiencia. Busca información, aprende y decide cuándo es el mejor momento para emprender tus sueños.
4. Siempre busca la ayuda de un profesional, no es tan caro contratar a un mercadólogo o a un consejero financiero. No debes saberlo todo, sólo debes conocer a quienes sí lo saben.
5. Arriesga una cantidad de dinero que no sea fundamental para tu vida diaria, si lo multiplicas, puedes incrementar la inversión, ten los pies en la tierra.

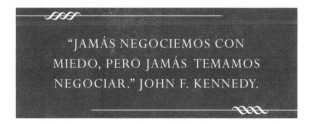

"JAMÁS NEGOCIEMOS CON MIEDO, PERO JAMÁS TEMAMOS NEGOCIAR." JOHN F. KENNEDY.

18

Contrata un seguro de vida
y de gastos médicos mayores

LOS ACCIDENTES Y LAS ENFERMEDADES pueden llegar en cualquier momento y siempre desestabilizan la economía familiar. En todo el mundo hay distintos seguros de vida y de
gastos médicos mayores que, sin duda, serán de gran ayuda cuando
los necesites, aunque deseo que nunca suceda.

Por supuesto hay muchas facilidades que los gobiernos de
todos los países ofrecen a los ciudadanos. En México, tenemos el
Seguro Popular e instituciones muy reconocidas como el IMSS y
el ISSSTE. Aunque también hay servicios que ofrecen los bancos,
las aseguradoras y hasta los mismos hospitales.

Opciones hay muchas, lo más importante es que elijas la que
más convenga a tu presupuesto. En general estos servicios no son
tan baratos como quisiéramos, pero cuando los usas en los momentos de necesidad, descubres que has hecho una gran inversión.

Es muy importante que busques distintos presupuestos. Muchos vendedores te van a asegurar que su servicio es el más barato,
el más eficiente y el mejor del mercado, pero compara sin presio-
nes, no contrates el primero que te ofrezcan.

POR UNA VIDA PLENA

Si el vendedor es serio, no tratará de ejercer presión innecesaria, sino que te explicará los beneficios de contratar con él y tú elegirás. Pero recuerda, hazlo sin prisa.

Algunas empresas muy conocidas tienen precios más elevados en comparación con la competencia, aunque el servicio sea similar. Recuerda que las empresas deben pagar publicidad, oficinas y distintos servicios, pero una empresa establecida responderá con mayor seriedad que una empresa nueva.

Han sido muchas las familias que lo han perdido todo cuando uno de sus integrantes se ha enfermado. Esto no sólo es muy triste, sino que además provoca que en esos momentos de desesperación tengas todavía la presión de conseguir dinero para enfrentar el problema.

Te recomiendo que ahora que tienes tiempo busques la información necesaria y elijas la opción que más te convenza. Y si una enfermedad o un accidente es inesperado y genera una gran cantidad de gastos, imagínate todo lo que podría suceder en caso de muerte. Debemos tener, en la medida de lo posible, lo más protegida a nuestra familia. Te sugiero que busques, con un asesor, algún seguro de vida que pueda ayudar a que tu familia tenga, por lo menos, un panorama más alentador. Busca empresas serias, lee las "letras chiquitas" para que tengas la confianza de que cumplirán lo que prometen.

Por supuesto que el mejor seguro médico o de vida no puede competir con una vida saludable. Los seguros son para emergencias, así que toma tus precauciones. No cometas el error de darle a un joven las llaves de un auto último modelo, si sabes que no tiene la responsabilidad necesaria para manejar con precaución. Los seguros pueden ayudarte a recuperar los bienes perdidos, pero la vida de un hijo o de un familiar no se recuperan de ninguna forma.

Evita fumar o llevar una vida sin hábitos saludables. Aunque tengas asegurado el pago en el mejor hospital del mundo, las enfermedades son dolorosas, molestas y desequilibran el ingreso familiar, así que no arriesgues tu salud por ninguna razón.

1. Las empresas aseguradoras sólo pueden pagar las pérdidas materiales. No comprometas tu salud, haz ejercicio y lleva una vida saludable.
2. El seguro te dará la tranquilidad para enfrentar alguna enfermedad o accidente, podrás enfocarte a atenderlo y a buscar las mejores opciones médicas, sin preocuparte por conseguir el dinero para pagar el hospital. Es una diferencia muy grande. ¡Aprovéchala!
3. Siempre lee las letras chiquitas de los contratos.
4. Tienes el derecho de informarte con clientes que hayan contratado con alguna empresa aseguradora; verifica que su servicio sea como el que esperabas.
5. Busca empresas serias y establecidas.

"EXCAVA EL POZO ANTES DE QUE TENGAS SED." PROVERBIO CHINO.

19

Sé generoso

L A GENEROSIDAD ES UNA MUESTRA DE GRANDEZA. Con frecuencia pensamos que dar se relaciona con dinero, pero no
necesariamente es así. Hay cosas mucho más valiosas que
deberíamos dar a las personas que nos rodean.

Dar es un ejercicio que podríamos practicar todos los días.
Muchas personas que nos rodean necesitan un poco de tiempo.
¿Hace cuánto que no le llamas a tu tía, la que vive muy lejos y
rara vez visitas? Puedes regalarle unos minutos para saludarla, te
aseguro que tú serás el más bendecido por el gusto que le dará
escucharte.

No quiero ser cursi, ¿pero le has dado una sonrisa a las personas con las que vives? Es común que nos despertemos y cuando
mucho digamos un frío "hola", pero esto no es suficiente. Puedes
sonreírle a la cajera del supermercado, a quien te atendió en el
banco. Debemos tener una actitud generosa hasta en nuestro estado de ánimo, además una sonrisa no cuesta.

Si tienes la posibilidad de ayudar a otros con alguna necesidad ¡hazlo! Muchas personas tienen en este momento grandes
problemas y no pueden resolverlos. Cuando una persona está
en problemas económicos, se le cierra el mundo, deja de ver las

oportunidades porque sus preocupaciones son muchas. Puedes ayudar dando dinero, es cierto, pero también puedes ofrecerle algunas soluciones que creas factibles. Muchas veces, un buen consejo permite que las personas brinquen los obstáculos. Pero recuerda: "Hay que dar el remedio y el trapito." No se trata de dar consejos y que las personas busquen los medios. Si alguien está enfermo, sabe que necesita ir al doctor y que necesita medicina; si puedes, por lo menos, ofrece pagar una parte y si es posible hacer algo más… ¡hazlo! Te aseguro que te agradecerán siempre, además, nunca sabes de quién necesitarás mañana. Pero si eres generoso, mejor hazlo sin la idea de conseguir algo en el futuro.

He aprendido que los regalos deben llevar envoltura, y en general es muy económica. Dar un regalo debe demostrar el aprecio que tenemos por la persona a quien queremos consentir. Una tarjeta y la envoltura del regalo son una demostración extra del interés que tenemos por festejar a la persona que amamos. Seguramente tendrás que ir a otra tienda, o quizá tú mismo adornes el regalo, pero vale la pena, es una forma de decir que estamos muy contentos por ofrecer un obsequio a esa persona.

Cuando vayas por la calle y veas un coche descompuesto, ayuda. No sé si te ha pasado, pero cuando se te descompone el coche, el mundo parece gris y solitario, no sabes ni qué hacer; generalmente estás en una zona en la que no conoces a nadie y esta experiencia es muy estresante. Es cierto, es peligroso ayudar a un desconocido, pero si esa persona fuera un familiar tuyo, le agradecerías a quien lo ayudara. Creo que ayudar al extraño es una forma muy especial de tener un crecimiento individual.

Ayuda a tus hijos en su desarrollo personal. Ellos más que nadie necesitan tu apoyo. Si tu hijo terminó su carrera, tendrá mucho conocimiento, pero le falta la experiencia que tú has adquirido a lo largo de la vida. No lo dejes solo. No entiendo a muchos padres que teniendo la posibilidad, no ayudan a sus hijos y los dejan enfrentar el mundo sin su apoyo. Por muy buen estudiante que sea, necesita ropa para empezar a trabajar, deberá contactar a personas que tú ya conoces. Por lo menos, has todo lo necesario para que no se sienta solo en un mundo que apenas está conociendo. No se trata de dinero solamente, sino que encuentre en ti un apoyo y una fuerza en esos momentos de cambio.

No olvides ayudar a tus padres. Deseo que no requieran dinero y que tengan una vida independiente, pero a todos nos cae muy bien un dinero extra. Aunque sé que lo tienes muy claro, tus papás te ayudaron durante muchos años, se desvelaron, te llevaron al médico y compraron tus medicinas. ¿No crees que puedas retribuirles un poco? Sé generoso con ellos, acompáñalos al médico, apunta todas las especificaciones que te dio el doctor y trata de explicarles cómo deben tomar el medicamento. Reitero, no sólo se trata de dar dinero, también es muy importante la forma en la que lo ofreces. Imagina que un día les das la sorpresa a tus padres y los llevas a comer a un lugar especial. Puedes llevarlos al cine, a conocer un nuevo centro comercial. Las sorpresas son siempre alimento para los seres humanos. Llena de detalles a tus padres, porque no siempre estarán a tu lado, así que aprovecha el tiempo.

A tus compañeros de trabajo ayúdalos en su desarrollo, dales consejos, enséñales cómo lo haces, para que no tengan que aprender todo por su propia cuenta. Muchas personas guardan sus secretos, porque creen que podrían copiarlos, y es probable que lo intenten, pero recuerda que nadie puede copiar la autenticidad, así que no te preocupes, tu sello siempre estará presente en tu trabajo y eso nadie puede ni siquiera intentar copiarlo. Saluda a todas las personas en tu oficina, es una muestra de sincera generosidad, todos estamos luchando por crecer, así que no te sorprenda que un aprendiz con el tiempo pueda ser un hombre muy importante en el lugar donde trabajas, por lo tanto, no le cierres el camino a nadie, estamos de paso por este mundo.

Es muy curioso ver que algunos trabajadores intentan truncar la vida profesional de sus compañeros, piensan que con su egocentrismo las personas desistirán y buscarán oportunidades en otros lugares, pero todo sucede al revés porque cuando las personas vemos que el camino es complicado, más entusiasmo agregamos. Además, no sabes con quién estás platicando, el futuro siempre nos sorprende. He descubierto que los grandes líderes siempre manejan un bajo perfil, los dueños de las empresas muchas veces son muy discretos y aparentan ser una persona más en la empresa.

Uno de mis mejores amigos es hijo de un gran hombre de negocios, pero esto no significa que tenga un trato preferencial. Mi amigo trabaja con su papá y realiza todas las labores que se ofrecen en la empresa. Puede ir con su papá a una junta o puede descargar un camión de mercancía. En una ocasión, se dieron cuenta de que una sección de la empresa necesitaba mantenimiento y decidieron pintar algunas paredes. Al terminar, como mi amigo evidentemente no era pintor, quedó todo salpicado y con aspecto sucio. Eran cerca de las siete de la noche cuando terminaron y estaban a punto de salir cuando llamaron a la puerta. Una señorita muy elegante preguntó por el papá de Luis. Mi amigo trató de ser amable y le dijo que no se encontraba, que si podía dejar algún mensaje, pero fue grande su sorpresa cuando escuchó lo siguiente: "Traigo mi currículo, leí en el periódico que solicitan una contadora. ¿Hay alguien importante en la empresa que me pueda atender?" Luis le contestó que en esa empresa todos eran importantes, que él podría recibir el currículo y entregarlo al día siguiente al departamento de recursos humanos. Pero la solicitante con sonrisa irónica le dijo que no. Así que Luis se molestó, pero guardó su enojo y le dijo: "Puede venir mañana, si quiere puedo conseguirle una cita con el hijo del dueño." Y ése fue el acuerdo.

Al día siguiente llegó la contadora a pedir empleo a la hora indicada. Luis la esperaba en su oficina, elegantemente vestido para la ocasión. La contadora le explicó su experiencia, sus conocimientos, la universidad de donde se graduó y todo su amplio currículo. Luis se dio cuenta de que la contadora era una mujer con un alto nivel de estudios. Cuando terminó la entrevista, ella le dijo: "Aquí le dejo mi currículo, para que vean la posibilidad de darme el empleo" y éste fue el momento que Luis esperaba para decirle: "Me hubiera gustado contratarla ahora mismo, tiene todos los conocimientos que se requieren para el puesto. Sin embargo, hay algo que no aprendió en su casa y tampoco lo aprendió en la universidad. Ayer que me vio vestido como pintor, me dijo que quería hablar con alguien importante, le dije que aquí todos somos importantes y usted no me creyó. Difícilmente podremos encontrar a alguien con tantos conocimientos como los que usted tiene, pero usted carece de humanidad."

1. Nadie es tan pobre que no pueda dar, al menos, el respeto que otro ser humano merece.
2. La generosidad se puede mostrar hasta en una sonrisa.
3. El mundo necesita gente generosa, no necesariamente culta.
4. No hay nada más triste en el mundo que encontrarse con alguien que se siente superior.
5. Cuando una persona es generosa, las puertas de las oportunidades se abren para recibirlo.

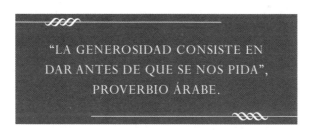

"LA GENEROSIDAD CONSISTE EN DAR ANTES DE QUE SE NOS PIDA", PROVERBIO ÁRABE.

20

Trabaja con amor

ESTE CONSEJO LO ESCUCHÉ DE MI PADRE: "Cuando trabajes, no lo hagas para tu patrón, ni para que la gente vea que eres muy esforzado. Ama tu trabajo. No intentes quedar bien con tu jefe, ni con la gente que te ve, trata de quedar bien con tu trabajo."

Supongamos que te contrataron por un sueldo muy bajo, pero te esfuerzas mucho en cumplir todo lo que te pidieron y más. Todos los días realizas tu trabajo con mucho cariño, porque amas lo que haces. También supongamos que te esfuerzas mucho y tu patrón no se da cuenta de que trabajas y trabajas… No te preocupes, de seguro alguien lo notará. El trabajo siempre te está observando, sabe si te esforzaste o no lo hiciste. A lo largo de los días, el trabajo, que es un buen amigo, hará que tu labor brille y entonces alguien te podrá llamar y te podrá ofrecer un mejor sueldo o una mejor oportunidad.

He visto a muy pocas personas que aman su trabajo. En una ocasión, observé a un panadero acomodando el pan. Lo trataba con amor, con tanto respeto que parecía que lo acomodaba como si fuera un bebé. Tomaba cada pan con agradecimiento, trataba de ponerlo en el expendio para que lucieran su mejor ángulo. Esta imagen se me quedó grabada.

También recuerdo a un hombre que tenía un puesto de tortas en la calle. Partía el pan con respeto, con amor, ponía los ingredientes con generosidad y cuidado; disfrutaba lo que hacía. Este hombre sentía que trabajaba en el restaurante más elegante de la ciudad.

Nuestra labor es quedar bien con nuestro trabajo. Debemos amar todo lo que él nos ofrezca, porque nos hará mejores personas. "El trabajo más difícil del mundo es no tener trabajo." Cuando estamos desempleados, el mundo no tiene sentido, los días corren y desperdiciamos la oportunidad de desarrollarnos en todos los sentidos.

Todos, absolutamente todos, tenemos la necesidad de trabajar. Trabajamos para ganar dinero, pero también para ser mejores personas, para conseguir nuestros sueños y para sentirnos útiles. Realiza un trabajo que te apasione, para que sea tanto el amor con el que te desempeñes, que tu trabajo se sienta orgulloso de ti y, al mismo tiempo, te sentirás tan realizado, que el dinero llegará solo.

Tengo un amigo que es escritor. Durante tres o cuatro años, sin excepción, escribía una nota en su blog de internet. Muchas veces lo leíamos, después pasaban meses y quizá nadie lo visitaba, pero cada domingo, sin perderse un solo fin de semana, escribía su nota. Muchas personas le dijeron que eso era una pérdida de tiempo, que no ganaba nada, que era desperdiciar el domingo, que mejor hiciera algo más. Pero cada domingo seguía escribiendo. Investigaba en la semana los temas, escribía como si esas palabras fueran a salir en un programa de televisión nacional. Mi amigo es ahora un hombre muy feliz, pues vive de lo que escribe. En un país donde aparentemente nadie lee, mi amigo es un escritor y vive de lo que escribe.

Muchas actrices pretenden iniciar su carrera con un papel protagónico. ¡Eso es imposible y mucho más en el teatro! La mayoría de los actores que inician sus carreras tienen inexperiencia, pero algunos suponen que porque cantan moderadamente bien o tienen una cara bonita, merecen la gran oportunidad. Pero en el teatro —y en la vida— se requiere experiencia. Y la experiencia siempre te regresa a lo más sencillo. Don Ignacio López Tarso es una muestra de trabajo y responsabilidad. Con mucho orgullo, dice que él nunca llega tarde, ni las manifestaciones le impiden llegar a tiempo. Disfruta y ama tanto lo que hace, que para él todos los papeles son importantes, que jamás minimizaría una participación, por muy breve que sea.

Cuando amas lo que haces, te molesta que sea la hora de la salida, porque sabes que no te dio tiempo de hacer todo lo que te hubiera gustado, aunque te esforzaste mucho. Cuando amas lo que haces, las ideas y todo lo que tus ojos reciben se relaciona con tu profesión. Encuentras oportunidades en cualquier lugar y la gente, cuando tiene una duda, por supuesto te llama a ti, porque eres el experto en el tema.

Todos conocemos a alguien que puede pasarse todo el día frente a una computadora, conoce los adelantos y las novedades de internet. ¿Te imaginas que lo pusieran a trabajar en un despacho de abogados? ¡Sería un error! Pero si abre su negocio y se dedica a darle mantenimiento a las computadoras o si vende páginas de internet, entonces tendrá el futuro asegurado.

Si amas lo que haces, el dinero vendrá solo, te encontrará sin que lo busques. El trabajo es un amante generoso y fiel, nunca deja con hambre a las personas que lo aman.

1. No pierdas el tiempo en trabajos que no te entusiasman.
2. Invierte todo tu esfuerzo sólo en realizar las tareas que más te satisfacen.
3. No busques el dinero en asuntos que no son de tu interés: el dinero se encuentra donde te emocionas.

4. Siempre queda bien con tu trabajo, no con tu jefe.

5. Recuerda que alguien observa todo lo que haces, ama tu trabajo y si ahora no ganas bien, alguien más te buscará.

"SI ODIAS LOS LUNES, CÁMBIATE DE TRABAJO." DR. JUAN JÁUREGUI.

21

Olvida la rutina

ÉSTE ES UN FRAGMENTO DE "Coincidir", canción escrita por Alberto Escobar:

Soy vecino de este mundo por un rato.
Y hoy coincide que también tú estas aquí.
Coincidencias tan extrañas de la vida,
¡tantos siglos, tantos mundos, tanto espacio y coincidir!

Por supuesto que esta es una gran composición, muy romántica, llena de matices que nos hacen sonreír. Si la escuchamos en labios de cualquiera de sus intérpretes, estoy seguro de que suspiraremos. El mundo en el que habitamos es tan grande, hay miles de millones de personas y cada una de ellas tiene un sueño, una esperanza.

¿Y se te hace justo que todas las semanas hagas prácticamente lo mismo? Cada día puede ser una experiencia, un nuevo inicio. Hoy estás aquí, mañana puedes estar allá. Tu casa no son las cuatro paredes donde habitas, tu casa es el mundo.

Las personas más interesantes son aquéllas que rompieron su rutina y su esclavitud con el calendario. Atrévete a ser creativo, atrévete a arriesgar. Todos los días te sientas en el mismo lugar de la mesa, todos los días te estacionas en el mismo lugar, todos los días recorres el mismo camino. ¿Y si caminaras por una cuadra diferente? ¿Y si el amor estuviera a una cuadra de distancia más? Creo que a todos nos ha pasado que manejamos y sólo vemos los coches que van delante de nosotros. Pero si un día alguien maneja y tú eres el copiloto, entonces empiezas a ver nuevos negocios, nuevas escuelas, descubres que pintaron algunas casas y te vas sorprendiendo con los cambios. Si esto tan simple, sucede en el mismo camino que recorres a diario. ¿Te has imaginado lo que sucede en la ciudad vecina?

Muchas personas se quejan de que su negocio va mal, pero siguen empeñados en hacer lo que siempre han hecho. No ven lo que hace la competencia, no descubren a los nuevos competidores, están encerrados en su negocio sin atreverse a hacer algo más.

Siempre ves los mismos programas de televisión, siempre vas al mismo lugar a cenar, siempre platicas de los mismos temas. ¿No has considerado la posibilidad de aprender otro idioma? ¿Has pensado en leer sobre otros temas? No te encierres en tu mundito, porque tu mundito no existe, es un mundo enorme, con oportunidades, con personas que piensan muy diferente de como tú lo haces. ¿Y sabes una cosa? Esas personas que actúan distinto a ti, también son exitosas, también cumplen sus sueños, también tienen familias y también son felices.

Si tu abuelo fue panadero, tu padre es panadero, tú puedes ser pintor. La rutina es un enemigo que nos come despacio, todos los días nos va comiendo. Primero se come nuestros sueños, después nuestra esperanza, más tarde se come el presente y termina por comerse el futuro.

Hay personas que sólo tienen un tema de conversación, son personas desdichadas, centradas en un solo punto de vista. Si se atrevieran a conocer más del mundo y de las experiencias de la vida, evidentemente se sorprenderían.

Despierta tu necesidad de conocer más del mundo. Empieza con esta pregunta: ¿De qué tema no sé nada o casi nada y me gustaría aprender? Investiga en internet un poco del tema, después relaciónate con personas familiarizadas con ese asunto. No es tan complicado.

Hubo un hombre que por más de cincuenta años estuvo atendiendo su negocio. Nunca faltó a su trabajo, lo desempeñaba de lunes a domingo en el mismo horario. Conocía el precio de cada producto, el nombre de algunos de sus clientes. Todos sus días eran una copia fotostática. ¿No te gustaría ser una impresión original?

De alguna manera, todos somos adictos a la adrenalina, nos emociona descubrir que podemos vencer algunos riesgos, claro que hay personas que son adictas a grandes niveles de esta hormona y hacen deportes de alto riesgo. Sin embargo, para la mayoría de nosotros, la emoción de un pequeño logro, pero muy significativo, puede ser suficiente para que nuestra vida se vaya desarrollando.

Podemos conseguir una pequeña dosis de adrenalina si hacemos cambios pequeños en nuestras actividades. Si nunca has hecho ejercicio, salir a caminar puede ser emocionante, y más, si lo haces en un lugar que no conoces. Si todos los días haces ejercicio, podrías pensar en agregarle un nuevo ingrediente a tu rutina o empezar con un nuevo deporte. Todos podemos perfeccionar algún pasatiempo que tengamos, es decir, si te gusta cocinar, podrías inscribirte en una escuela de repostería y tomar clases avanzadas.

También te recuerdo que hace pocos años soñabas con cambiar el mundo. Hace poco tiempo te dolían las injusticias y esperabas crecer para hacer algo, porque sabes que las cosas no están bien y te estamos esperando. No pretendo que seas parte del Ejército de Salvación, tampoco que dejes todo para irte a África y te unas a Médicos sin Fronteras, pero ¿por qué no? Estoy seguro de que necesitamos héroes, que sean reales, me refiero a esas personas que van cambiando el rumbo de las circunstancias y quizá no puedan cambiar el rumbo de la historia, pero sí pueden cambiar la situación de al menos una persona.

En la actualidad, en todos los países, los ciudadanos se han organizado y se han enfocado en trabajar en aspectos que les preocupa. Esas organizaciones (ONG) que no son parte del gobierno buscan sus propios fondos, se organizan de acuerdo con el tiempo libre de los integrantes y pelean de manera activa contra el cáncer, a favor de los derechos de los niños o de cualquier carencia importante que se encuentre en su región.

¿Qué te hubiera gustado no padecer cuando fuiste niño? ¿Crees que le puedas evitar esa situación a otro niño? Así regresamos a los mismos principios: dar, ser generosos, amar a los demás y comprometerse.

A casi todos los niños de mi generación nos dijeron que debíamos terminarnos la comida, porque había muchos niños de África que no tenían nada para comer. Esta manipulación nos hizo comprender, de alguna forma, que no debemos ser desperdiciados. Estuve tratando de encontrar un ejemplo parecido, pero con relación al tiempo. Creo que debemos aprovechar el tiempo, porque es lo único que jamás se puede recuperar. Hay personas que morirán y no hicieron nada por mejorar su entorno, me dolería mucho que eso te pasara a ti. Es preferible decir "no pude" a "¿hubiera hecho?" Lo importante es decidir hacer algo. Te sorprenderá que el mayor beneficiado siempre serás tú. Todas las personas que conozco que son parte de una asociación, reconocen que su vida tomó un giro diferente cuando decidieron ayudar a alguien más. Mientras vivamos encerrados en nuestras necesidades, jamás podremos ver el milagro de dar.

Uno de los empresarios más importantes de este país se comprometió con los niños mexicanos para que desarrollaran su talento musical. Con esta acción, han logrado cambiar por completo el panorama de muchas comunidades, pues estos jóvenes van a tomar sus clases, en vez de estar expuestos a las drogas o a las pandillas. Esta iniciativa ofrece resultados en el corto y en el largo plazo, pues estoy convencido de que muchos de estos talentos musicales tendrán carreras importantes y llevarán el nombre de nuestro país muy en alto. ¿Qué puedes hacer tú? Quizá no tengamos los recursos de esta propuesta musical, pero sí puedes motivar a todos los miembros de tu familia para que terminen la preparatoria.

Podrías comprometerte con una persona que estimes y pagarle la colegiatura, en caso de que no tenga los recursos. Podrías ser parte de la Cruz Roja, de alguna organización que cuide el planeta, hay miles de opciones. Todo es cuestión de soñar y apostar por hacer de este mundo un mundo mejor.

Ya he referido la emoción que nos genera la adrenalina y también señalé la generosidad y el servicio hacia los demás como formas para cambiar nuestra rutina. Asimismo, mencioné el deporte y la salud. Por fortuna, para cambiar la rutina hay muchas opciones. Hablé del estudio, si ya tienes una carrera, puedes estudiar una maestría. Pero me gustaría mencionar el motor más importante: el amor.

Debemos pensar en amar a los demás, pero ahora quiero enfocarme en el amor hacia ti mismo. Las mujeres sólo se conforman con lo indispensable, les dan a sus hijos todo lo que pueden y más. ¿Y cuándo tendrán oportunidad de atenderse? Creo que debes tratarte con mucho respeto, pero principalmente con amor.

No es correcto que vayas del trabajo a tu casa y de la casa al trabajo. Tampoco creo que sea adecuado que, por costumbre, arriesgues tu corazón. ¿No crees que te abandonaste en algún rincón? ¡Cambia tu rutina!

Es tiempo de que te des a ti mismo el trato que te corresponde, el mejor. Me imagino que a muchos de nosotros nos ha pasado que la vida es como un juego de futbol, todos los jugadores están listos para salir. Uno de los compañeros del equipo sale a la cancha, después otro, anotan goles, tú o yo estamos sentados en la banca viendo cómo se desarrolla el partido, estamos esperando nuestro turno... sale un jugador, entra otro... seguimos en la banca, otro gol... seguimos en la banca. ¿No crees que es tu turno de jugar? Te deseo que seas la estrella del partido.

1. Tómate en serio, la vida es cuestión de tiempo.
2. Recuerda lo que pensabas de niño. Estamos esperando a que cambies el mundo para bien.
3. Conoce todas las carencias de tu familia. ¿Puedes hacer algo que te haga sentir satisfecho?
4. La apatía elimina nuestros sueños y genera vidas monótonas y sin sentido.
5. Te puedes arrepentir de lo que hiciste, pero el mayor dolor siempre será por algo que no intentaste.

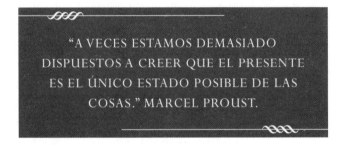

"A VECES ESTAMOS DEMASIADO DISPUESTOS A CREER QUE EL PRESENTE ES EL ÚNICO ESTADO POSIBLE DE LAS COSAS." MARCEL PROUST.

22

No eres tan necesario

Todos nos esforzamos al máximo para conseguir nuestras metas. Intentas desarrollarte en el trabajo, con tu familia y amigos. En este capítulo no pretendo desanimarte, al contrario, continúa creciendo en todos los aspectos de tu vida. Sin embargo, es muy importante que sepas que no eres tan necesario.

Un poco de humildad no le cae mal a nadie. Por muy bueno que seas en tu trabajo, seguramente alguien puede desempeñar la misma función y, tal vez, lo haga igual o mejor que tú. No se trata de ir por la vida suponiendo que eres el mejor, el más grande, el más fuerte, el más destacado.

Muchas personas esperan que cuando lleguen a un restaurante, los atiendan como si fueran los únicos clientes, como si el mundo girara sólo para ellos y Dios pintara el ocaso para su deleite exclusivo, pero no es así.

Las personas más destacadas y las más distinguidas utilizan palabras muy sencillas, pero que transforman el ambiente, estas palabras todos las conocemos: por favor, gracias, disculpe, de nada, hola, buen día, buenas noches… Cuando sabemos que nuestros compañeros de trabajo, incluso cuando son nuestros subordinados, no son personas para nuestro servicio, sino un equipo de trabajo, las cosas cambian a favor de todos. Así que sé amable y cortés.

Saluda a las personas por su nombre, es lo mismo si saludas al dueño de una gran empresa, a un gerente, al asistente de ventas o a la señora del aseo. Todos somos personas con sueños, necesidades y todos hacemos nuestro mejor esfuerzo.

Un hombre de negocios me platicó su experiencia. Eran los años ochenta, su empresa estaba empezando a repuntar, pero todavía era un negocio pequeño. Ya tenía cierta cantidad de dinero en el banco y creía ser un hombre rico, aunque no lo era. En una ocasión, fue al banco y pidió que le resolvieran un problema. En aquel tiempo los procesos eran muy lentos porque no había computadoras como ahora, casi todo consistía en un proceso manual. Este hombre se sintió molesto, creía que por su dinero depositado en el banco tenía que recibir un trato especial. Las personas más ricas son las más sencillas, no lo olvides.

En el banco, en las empresas, a donde vayas, no eres tan importante como crees. Pero siempre es necesaria una persona amable. Cuando somos cordiales y sabemos que no somos el último refresco del desierto, las situaciones funcionan mejor a nuestro favor. En el trabajo, las personas te pueden dar un trato preferencial, pero recuerda: no es a ti necesariamente, es probable que traten de atender al funcionario con quien pueden tener alguna ventaja o un favor. Sé más astuto.

Hay un refrán popular que dice: "Desde el rey, hasta el pordiosero, todos se creen indispensables." Cuando en un país con régimen de gobierno monárquico muere el rey, el primer grito es: "¡El rey ha muerto!" Y después, casi de inmediato, toman de la mano al heredero y el siguiente grito es: "¡Viva el rey!" Al instante tienen un sucesor. Por lo menos, haz que te recuerden por el trato amable que brindabas.

No debemos olvidar nuestros orígenes, todos los principios han sido muy complicados y difíciles. Si ahora tienes la fortuna de recibir mejores ingresos, recuerda todo lo que tuviste que pasar para llegar hasta aquí. Además, la posición económica no es la misma que la posición interior, la que está en tu alma. El dinero no te hace mejor persona, sólo muestra lo que siempre trajiste en tu corazón.

Dicen que el dinero tan sólo hace evidente la esencia real de cada persona. Es probable que ahora puedas comprar ropa de mejor marca y no te preocupe que tu coche se pueda descomponer porque es nuevo. ¿Eso te hace especial? ¡Claro que no! Tan sólo te da la posibilidad de tener más cosas, pero esto no significa que puedas tener una vida mejor. La vida, como la entendemos, es un proceso íntimo e interno que genera grandes beneficios en lo más profundo de nuestro ser. El dinero tan sólo te ayuda a conseguir bienes materiales.

Ubícate. Las personas valen por lo que son, no por lo que aparentan, y mucho menos por lo que pretenden. ¿Crees que el dinero te pertenece? ¿O tú le perteneces al dinero? Muchas personas trabajan como verdaderos esclavos sólo para que su cuenta de banco les indique que a partir de cierta cantidad de ceros ya tienen el valor como personas que antes no podían adquirir.

Hemos perdido el enfoque, el dinero puede comprar las cosas que tienen precio, no las que tienen valor. Así que con este nuevo esquema, podrías compararte y ver qué tanto valor tienes como persona. Cuando seas mayor y tengas una cuenta de banco enorme y te hayas pasado muchos años de tu vida encerrado en una oficina, es probable que te encuentres a quien creías que era el más irresponsable de tus amigos. Quizá él viajó de mochilazo por toda Europa, luego fue voluntario en un país en desarrollo. Después de "desperdiciar su vida", ahora es conferencista y ayuda a las personas a encontrar el sentido de la vida, viaja por todo el mundo y, aunque no tiene tanto dinero como tú, es un hombre feliz. ¿Crees que cambie su vida por la tuya? ¿Crees que el dinero que acumulaste sea tan valioso como su felicidad? Trabaja en todo lo que tiene valor y no para conseguir lo que tiene precio.

Es triste que haya quien inicie una relación romántica sólo porque esa persona le puede dar un mejor nivel social o económico. Esto sucedía cuando había matrimonios arreglados, pero ahora el beneficio es unilateral.

Debemos trabajar mucho en nuestra autoestima, pues por el simple hecho de ser parte de la especie humana ya tenemos valor. ¿Cuánto vales? De vez en cuando es bueno tomar dos pastillas de "ubicatex", de preferencia en ayunas, así te darás cuenta de que servir a los demás es una forma de encontrarle sentido a nuestras vidas.

Me llama mucho la atención cuando estoy en un restaurante y alguna persona cree que debe tener un trato preferencial, sólo porque va a pagar la cuenta. ¿No se supone que eso hacemos todos los clientes? Pero creen que son tan importantes para el negocio, que sin ellos no podría sobrevivir el restaurante. En realidad no son tan necesarios como creen, estos clientes tan molestos afectan al negocio, pues tensan a los trabajadores, no les permiten desarrollar bien sus labores y hacen el momento muy desagradable.

Lo mismo sucede con un jefe que siempre está de malas, gritando o exigiendo que todos hagan su trabajo. ¡Por favor! Todos sabemos lo que tenemos que hacer y también sabemos que cuando un jefe es así de iracundo, los trabajadores guardan resentimiento y retrasan más el trabajo. Estos jefes, creyendo que hacen lo mejor para la empresa, en realidad son los principales problemas.

Muchos servidores públicos creen que son amados y respetados porque son aplaudidos por todos, incluso por los desconocidos. Esto sucede también con los artistas y con las personas famosas, pero debemos recordar que no siempre son las personas, sino el puesto que ocupan. Muchos esperan conseguir un beneficio y pretenden obtener algo. Y a veces perdemos el piso, se nos olvida que estamos de paso.

Un hombre se llenaba de orgullo cuando hablaba mal de su esposa, decía que ella era una buena para nada, una mantenida y nunca podría hacer nada sin él. Esta persona, que creía ser muy hombre —siendo tan sólo un macho más— pensaba que su esposa se moriría sin él, creía que él era una especie de "dador de vida" para ella. Los maltratos y los malos momentos fueron minando la autoestima de la esposa y, en efecto, ella perdió la esperanza y el brillo en los ojos. El esposo se convirtió en un cínico, paseaba con muchas mujeres en los coches, presumía que pagaba por compañía y creía ser inmortal.

Los años pasaron y los hijos de esta pareja empezaron a trabajar y le dieron a su mamá la opción de irse a vivir con ellos, para que dejara de sufrir los malos tratos de su marido, y así lo hizo. Esta mujer se puso a trabajar, no porque necesitara el dinero, pues sus hijos le daban lo necesario, sino para sentirse útil, y así ella podía gastar su ingreso en lo que quisiera; fue comprando ropa, se inscribió en un gimnasio y recuperó su vida. Tuvo la fortuna de encontrarse con un hombre que le dio su corazón y todo su amor. Ahora son una pareja feliz y el pasado es un recuerdo. Su primer esposo, tan sólo impedía el crecimiento de esta mujer, para ella era un mal que no fue necesario. ¿Tú estás impidiendo el desarrollo de alguien? Piénsalo, quizá su compañía para ti sí sea necesaria.

1. Descubre tu lugar en el mundo, es un lugar muy especial, pero no es el que tiene las luces principales ni los reflectores. Es un lugar como el de todos los demás.
2. Si no lo haces con amor, mejor no lo hagas.
3. Las personas que trabajan en tu casa te sirven, pero no son tu propiedad. Respeta su horario, pues ellos al igual que tú tienen actividades personales, nadie es de tu propiedad.

4. Muchas personas piden las cosas por favor y aparentan ser amables, pero en su interior pisan a los demás, deseo que no seas una persona así.

5. Siempre debes tener en tu casa pastillas de "ubicatex", puedes tomar dos en la mañana, antes de salir.

"DESDE EL REY, HASTA EL PORDIOSERO,
TODOS SE CREEN INDISPENSABLES."
REFRÁN POPULAR.

23

Aprende a usar las nuevas tecnologías

L AS PERSONAS QUE NACIERON DESPUÉS DE 1990, y en especial los niños que nacieron después del año 2000, dan la impresión de que nacieron con un manual de instrucciones suficiente para mover todos los aparatos electrónicos. Manejan el control remoto de la televisión, del DVD, la computadora y las tabletas como nadie. Si tienes alguna duda, ellos te la resuelven en un instante. Parece como si lo supieran todo.

Hasta 1980, las personas eran analfabetas o se encontraban marginadas si no sabían leer y escribir, manejar y hablar inglés. Ahora, se puede considerar "relegado" a quien en este nuevo milenio no sabe computación. Es muy importante que aprendas a usar una computadora, no sólo porque es fundamental para tu trabajo, también porque la vida así lo exige.

Todos los niños de primaria y secundaria tienen tareas de investigación. La información más actualizada siempre está en internet. Se pueden ver videos, hacer trabajos, convivir a través de las redes sociales, investigar cualquier tema y descubrir las noticias casi de inmediato después de que sucedieron. Seguramente tus hijos tienen una computadora en casa. Por eso debes aprender a usarla, para que puedas ver con quién platican, qué les dicen, qué ven, y protegerlos de cualquier amenaza.

En México están surgiendo muchos comercios por internet. Tú podrías tener un negocio propio que sea relativamente sencillo de iniciar y que pudiera generarte utilidades a corto plazo.

En las redes sociales, como Facebook o Twitter, puedes encontrar amigos. Hay personas que sólo lo utilizan para estar en contacto con su familia, pero también puedes encontrar oportunidades de negocio, páginas de un tema que te interese y, además, puedes estar en contacto con un mundo muy complejo de información e ideas.

Todos los días hay páginas electrónicas nuevas, no te cierres a sólo acceder a las que ya conoces. Intenta nuevos contactos, nuevos sitios, te aseguro que vas a enriquecer tu conocimiento y tu estilo de vida.

Si usas un teléfono celular, estás usando una computadora, sólo que tienen un teclado más pequeño pero, en esencia, es lo mismo. De esta manera, intenta conocer las nuevas tecnologías que salen todos los días al mercado.

Un hombre de unos sesenta años estaba en su negocio, él comercializa muebles. Pasaba por uno de los peores momentos de su negocio, las ventas estaban por los suelos. Un día al platicar con la secretaria le preguntó por un concierto que se iba a presentar en su ciudad. Le cuestionó a ella si sabía qué día y a qué hora sería. La asistente escribió en la computadora y al instante le dio la información. El hombre, que es muy inteligente, se quedó asombrado. Y como experimento le preguntó: "¿Sabe los nombres y las edades del grupo que dará el concierto?" De nuevo, la señorita consultó en la computadora y le dio los datos al empresario. Este hombre se fue sorprendiendo más, y como último esfuerzo le dijo: "¿Me podría dar la dirección de dónde puedo comprar los boletos para el concierto?" La secretaria le dijo: "Puede comprarlos en estas tiendas, pero si gusta también los podemos comprar en internet." El empresario que, insisto, es un hombre muy inteligente, descubrió que las personas actualmente todo lo consultan en la computadora. Así que buscó a un experto, hizo una página de internet y ahora su empresa ha repuntado. Desde que vende por internet, sus ventas han llegado a niveles jamás esperados.

Si alguna vez viste la serie *Viaje a las estrellas*, tal vez recuerdes que los protagonistas se podían comunicar por medio de su reloj de pulsera, podían hacer contacto con lugares muy lejanos en tiempo real y, además, su base espacial podía saber su ubicación en cualquier parte del universo. Todo eso se puede hacer ahora, tenemos teléfonos celulares inteligentes con los que nos comunicamos de forma instantánea, con las nuevas redes sociales puedes saber dónde están tus amigos, quiénes los acompañan, si les gusta el lugar donde están, incluso, puedes ver sus fotografías y videos. ¡Llegamos al futuro!

Gracias a internet, ahora podemos ver fotografías de las personas que amamos en un instante, podemos verlos en tiempo real, aunque estemos del otro lado del mundo. También se pueden conseguir becas en cualquier país, enviar solicitudes de empleo, contactarse con cualquier empresa, incluso con políticos y artistas.

Si crees que sabes muy bien tu profesión, me gustaría hacer un ejercicio. Supongamos que eres médico. En este momento entraré a internet y escribiré la frase "avances médicos" en el buscador más importante que hay en internet al día de hoy. Además de las páginas, sale un anuncio que dice: "Aproximadamente 10 700 000 resultados, encontrados en 0.24 segundos." Supongamos que a cada página le dedicas tan sólo un minuto para leerla. Enterarte de cada avance te tomaría más de veinte años, veinte años para informarte de lo que hoy está publicado en internet. Cuando hayas terminado de leer todo, tu conocimiento será obsoleto. Y estos son tan sólo los resultados en español. ¿Te imaginas si buscáramos esa misma frase en distintos idiomas? ¡No acabaríamos nunca!

Simón Andrade nació en 1922. Hasta 1943 hizo su primera llamada por teléfono. Supongo que para él fue espectacular escuchar a alguna persona que se encontraba en otra ciudad. A nosotros ya no nos asombra ver en tiempo real a una persona que se encuentra en otro país, pero te podría sorprender saber que esto es gratuito.

En los últimos años, cada día más personas de la tercera edad se han atrevido a aprender a usar una computadora, han descubierto que no es tan complicado como sospechaban. La mayoría de las personas que nacimos después de 1970, aunque usamos una computadora con más frecuencia, sólo nos limitamos a unas pocas aplicaciones y programas. ¡Pero hay un mar infinito de posibilidades!

No sólo en cuestiones de trabajo hay avances, ahora es posible tener dispositivos para encontrar una mascota, una dirección, un médico que sea recomendado por sus usuarios. ¿Qué nos falta por descubrir? En el caso de la medicina, hay lectores de glucosa muy sofisticados que ofrecen los resultados en el momento, también podemos encontrar que estudios que eran muy invasivos ahora se realizan con una muestra de sangre. Menciono esto porque a nuestra edad los hombres debemos pensar en el antígeno prostático. ¿Sabes a qué me refiero? ¡Ahora todo se resuelve con un poco de sangre!

En cuanto al entretenimiento, hay una variedad inmensa de juegos, consolas de juegos, *gadgets*, todo lo que te puedas imaginar está disponible para que te diviertas y pases tiempo con tu familia.

El diseño también ha sido beneficiado, ahora se pueden ver imágenes de alta definición, de espacios que todavía son una idea. Muchas veces puedes confundir una imagen real, de una que hizo un programa.

¿A qué te dedicas? No tengas miedo de conocer ni de invertir en las opciones que te pueden ayudar a realizar mejor tu trabajo, podrías tener una ventaja competitiva y conseguir más clientes.

Si tu hijo va a la guardería, ahora puedes ver cómo lo tratan desde la comodidad de tu oficina, gracias al internet y las cámaras web. El hombre puso a su servicio los más grandes avances tecnológicos, a precios no tan elevados. Debemos aprovecharlos. Hazlo pronto, no vaya a ser que tus abuelos te sorprendan.

1. Es tiempo de cambiar.
2. Es tiempo de perder el miedo.
3. Todos los días surgen nuevas tecnologías y cada día son más simples y amigables, no es que los niños sean más inteligentes, lo que pasa es que quien diseñó esos dispositivos fue tan inteligente que hizo que cualquier persona pudiera utilizarlos.
4. Sería infame seguir escribiendo en una máquina de escribir. ¿Qué otros aparatos hay a tu disposición que te pueden ayudar a ahorrar tiempo?
5. La tecnología se hizo para ser usada. ¡Atrévete!

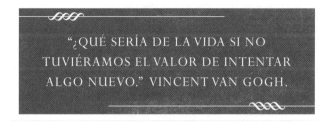

"¿QUÉ SERÍA DE LA VIDA SI NO TUVIÉRAMOS EL VALOR DE INTENTAR ALGO NUEVO." VINCENT VAN GOGH.

24

No olvides tus sueños

S OÑAR ES UN COMPROMISO. Soñar es parte de la naturaleza humana. Soñar es el principio de *una vida plena*. Soñar es un derecho. Soñar es una responsabilidad y una obligación. Sólo los hombres que sueñan son exitosos.

Es muy común, quizá todos lo hemos pasado por esto alguna vez, que nuestra vida carece de sentido. Vamos de una semana a la otra, vivimos en la rutina y muchas veces nos preguntamos: ¿vale la pena todo lo que hago? Esta pregunta que parece tan simple es, en realidad, una de las más grandes interrogantes que deberíamos hacernos, por lo menos una vez en la vida.

Cuando éramos niños, todo parecía muy simple; bastaba con imaginar que éramos vaqueros o pilotos y en ese momento empezaba el juego. No era raro ver a los niños en la calle jugando y creyendo ser los mejores jugadores de futbol o que su "espectáculo" lo observaban muchas personas. La vida era así, era un sueño.

Después llegaron las obligaciones, eso es parte de la vida y lamentablemente supusimos que ya no podíamos soñar. Así que estudiamos la carrera que en cierta forma nos convencía, pero que también se adecuaba a nuestras necesidades. Si una carrera nos gustaba mucho pero no estaba cerca de la casa, probablemente optamos por elegir otra opción para estudiar.

También soñábamos con el mejor trabajo, un trabajo interesante y extraordinario, pero encontramos uno no tan bueno, con el sueldo necesario y decidimos aceptarlo, aunque no era precisamente lo que queríamos. Y así, sin darnos cuenta, nos fuimos habituando a la cotidianidad. Dejamos de adaptar la realidad a nuestros sueños. Y, en ese momento, en el que abandonamos todo lo que soñábamos, se nos olvidó que podíamos ser felices, se nos olvidó que la vida es más que un trabajo y un sueldo.

En las cuestiones del corazón, tristemente, algunos se "adaptaron" a un matrimonio sin sentido y olvidaron que la persona con la que viven es el amor de su vida. Se enfrascaron en una relación lastimosa, se hirieron y, lejos de arreglar los problemas, decidieron ignorarlos. Los sueños de la familia feliz están guardados para más adelante, quizá en otro siglo.

Este capítulo tiene la finalidad de recordarte que tienes sueños guardados que desean ser parte de tu vida. Integra esos planes que tanto imaginaste y que sabías que un día llegarían. Bueno, hoy es ese día. Recuerda tus planes, tus emociones y tus expectativas de la vida. Es tiempo de cambiar la realidad y adaptarla a lo que tú quieras.

Si eres abogado y soñabas hacer un mundo más justo, es tiempo de hacerlo.

Si eres médico y querías mejor salud, hoy es tu oportunidad.

Si querías que tus padres tuvieran una casa, es tiempo de trabajar para lograrlo.

Si soñaste con amar y tener una familia, ¿qué te lo impide?

Siempre tendremos una terrible realidad que intentará sepultar todos nuestros sueños, pero siempre tendremos el apoyo de la esperanza, del trabajo fuerte y honrado.

Siempre podremos adaptar la realidad a lo que deseamos, sólo se necesita trabajar mucho y comprometernos con nuestros sueños.

Soñar no cuesta nada, pero olvidarnos de soñar puede ser una pesadilla.

Es posible que hayas perdido la esperanza, quizá crees que nunca podrás conseguir lo que deseabas y es tan grande la frustración que preferiste olvidarlo. No todos los sueños que tenemos se podrán cumplir, eso es una buena noticia en realidad. Hay sueños inalcanzables cuya única función es motivarnos para seguir luchando, pero que jamás se lograrán. ¡En realidad esto no es malo!

Muchos médicos que se dedican a pelear contra el cáncer saben que no podrán sanar a todos sus enfermos, también saben que no podrán encontrar la cura para todos los tipos de cáncer existentes. ¡Pero ellos siguen luchando! Saben que los sueños son una carrera de relevos, lo que no logren ellos, por suerte, alguien más podrá hacerlo. ¡Y lo harán, sin duda, lo harán!

Muchos niños sueñan con viajar a la luna, aunque pocos han logrado salir de la atmósfera terrestre. ¿Eso es malo? ¡Claro que no! Simplemente es el proceso de la búsqueda de un sueño. Martin Luther King soñaba con un mundo de igualdad, murió cuando todavía eso no era posible. Por desgracia, ahora tampoco lo es, hay terribles diferencias en el mundo en este siglo. ¡Pero seguimos luchando por cambiarlo!

Con esto sólo quiero decirte que no debes espantarte si no has conseguido todo lo que deseabas, son pocas las personas que lo han logrado. Quizá, si te contara mis sueños, te reirías. ¿Pero no se han reído de todos los soñadores?

Es preferible un sueño inalcanzable, que un sueño olvidado, porque los sueños se pueden convertir en pesadillas cuando decidimos ignorarlos. Soy un soñador, todavía creo que el mundo puede mejorar, todavía imagino que las personas podrán ser libres de sus prejuicios y de sus miedos, y que todos podremos encontrar el sentido más elevado de nuestra existencia. Algunas veces sueño que todas las personas se dedican a hacer su vida y se olvidan de criticar a los demás, porque estan muy ocupados en su propio desarrollo.

Todavía sueño con las oportunidades que me están esperando y todavía sueño que puedo mejorar la vida de las personas que me leen o que me escuchan. Todavía sueño que puedo generar al menos una sonrisa y todavía sueño en que recuerdes tus sueños, por eso escribo estas letras y por eso escribo este renglón.

Todavía sueño con el amor de la poesía y con el amor a la vida. Todavía creo que la vida me está reservando lo mejor para el día de hoy. Y sueño con que tú también lo creas.

Escribo porque imagino que puedo impactar el corazón de, por lo menos, una persona y que es probable que cambie su entorno. Me gustaría que, aunque sea por error, alguien leyera esto que preparo y que, en vez de seguir con una vida de odio o de tristeza, se atreva por un día a pensar en los demás y en sí mismo.

Todavía creo que cuando estoy dormido mis sueños viajan por mi mente y que antes de despertar, mis sueños están listos esperándome en la puerta, dispuestos a materializarse, porque los sueños quieren ser reales. Tus sueños quieren salir de tu mente y quieren tener un espacio en el mundo material.

Todavía sueño que tú sueñas.

1. Si alguien se ríe de tus sueños, tú también ríete, porque se los platicaste a la persona equivocada.
2. Si no te comprometes con tus sueños, se convertirán en una pesadilla.
3. Los sueños son tus amigos toda la vida, desean ser reales y además quieren enseñarte el sentido de la vida; pero si los ignoras, en tus últimos días serán terribles verdugos, te recordarán que pudieron cumplirse, pero no te atreviste. Ese día conocerás la culpa más intensa.

4. Hay sueños que podrás cumplir y algunos que no. Tristemente, no hay ninguna diferencia entre ellos que te permita identificar los reales de los imposibles. ¡Así que sigue todos tus sueños! Con el tiempo, quizá los cumplas.

5. Los grandes sueños hacen grandes personas. No existen sueños pequeños.

> "MUÉSTRAME UN OBRERO CON GRANDES SUEÑOS Y EN ÉL ENCONTRARÁS UN HOMBRE QUE PUEDE CAMBIAR LA HISTORIA. MUÉSTRAME UN HOMBRE SIN SUEÑOS, Y EN ÉL HALLARÁS A UN SIMPLE OBRERO." JAMES CASH PENNY.

25

Encuentra un trabajo y no descuides tu negocio

E L TRABAJO ES UNA BENDICIÓN. Trabajar nos moldea el carácter, nos ofrece una vida con sentido y nos permite desarrollarnos como personas, eso nos queda claro. No se trata de trabajar sólo para conseguir dinero. Si desempeñas tu trabajo con esfuerzo y dedicación, es muy importante que encuentres una manera para que el dinero que has ganado también trabaje para ti. Tu dinero debe ser un buen empleado.

En esta ocasión, hablaré de mi experiencia. Mucha gente cree que las personas que estamos en la televisión ganamos millones por día y no sabemos en qué gastar el dinero. Eso no es cierto, muchas veces tenemos proyectos, pero ha habido temporadas en las que no nos contratan. Tu trabajo y el mío son más similares de lo que te imaginas. Yo también voy a entrevistas de trabajo, para ver si soy seleccionado para un papel en alguna obra de teatro. Algunas veces me dan el papel, muchas otras me han dicho que no. Y, por fortuna, muchas veces tengo un proyecto y uno más y después otro. Ésos son los buenos tiempos en mi trabajo. Cuando tengo muchas actividades laborales, no malgasto el dinero, sino que mantengo el mismo nivel de vida. Mi esposa cuida los gastos de la casa y entre los dos buscamos alternativas para invertir nuestro dinero.

Es fundamental que tengas un negocio que no se relacione con tu trabajo. Hay miles de opciones que te pueden ayudar a mejorar tus ingresos. Todos los negocios requieren tiempo, así que éste es el mejor momento de empezarlo y no cuando tengas muchas necesidades y ya no tengas tiempo.

Debes continuar y proteger tu trabajo, ése es el principal ingreso, pero puedes iniciar con un proyecto alterno, al que le dediques alguna parte de tu tiempo. Como tu trabajo paga los gastos de la casa, el negocio tendrá que pagar sus propios gastos, y como no le vas a retirar dinero en el corto plazo, sino que invertirás las utilidades, te aseguro que tu vida financiera llegará muy pronto a niveles inesperados.

No uses el tiempo de tu trabajo para atender tu negocio. Dedícale el fin de semana para que no descuides tu ingreso personal. Si tienes la ventaja y la bendición de tener una esposa muy trabajadora, entre los dos pueden atender el negocio.

Te mostraré un ejemplo práctico. Supongamos que eres el dueño de una estética. La gente llega y le cortas el pelo, los peinas y los clientes están satisfechos con tus servicios. Podrías vender en la estética muchos productos de higiene y cuidado personal que la gente comprará porque tú se los estás recomendando. Puedes iniciar con un pequeño capital, pero comprométete a no usar el dinero de las utilidades, sino que lo reinvertirás. Al paso de pocos meses, el inventario estará surtido y tendrás dinero para empezar otro proyecto. Este dinero que "sobra" lo podrías invertir en algún proyecto que te resulte interesante. Y como te diste cuenta, ya tienes tres ingresos: tu trabajo, el negocio de los productos de belleza y una alternativa más.

Ten mucho cuidado en dónde inviertes. Asesórate. No porque sea una persona de tu entera confianza, significa que sepa cómo hacer crecer el negocio que están emprendiendo. Lee libros relacionados con el tema. Debes ser muy creativo, muy trabajador y muy inteligente. ¡Te aseguro el éxito!

Soy conductor de un programa de televisión en Monterrey. Ése es mi empleo, también hago el programa de radio, es otro empleo, pero tengo un negocio en donde soy inversionista. Hay un grupo de personas que dirigen esta empresa; su trabajo es de la mejor calidad, son un equipo fuerte y consolidado. Tengo que hacer algunas cosas, pues aunque no estoy allí todo el día, tengo responsabilidades. Sin embargo, el negocio está creciendo, espero que en el fututo sea quizá mi principal ingreso.

Tal vez hayas escuchado que algunos famosos abren un restaurante. Ellos cuidan su trabajo, pero al mismo tiempo inician un negocio, aprovechan las ventajas de hacer publicidad cuando sus amigos famosos van a su establecimiento, usan su fama propia y con esto logran consolidar más rápido lo que están haciendo. Algunos actores norteamericanos han abierto cadenas de restaurantes, con sucursales en todo el mundo, es muy común que esto suceda. Hemos aprendido de la desgracia ajena; muchos boxeadores han hecho grandes fortunas, en un momento tenían mucho dinero y no supieron cuidarlo, se equivocaron al pensar que el dinero siempre llegaría. Quizá porque nadie les informó o no sabían que debían ahorrar, pero esos grandes deportistas tan famosos, muchas veces, terminaron en la más cruel de las miserias, sólo porque no ahorraron o no invirtieron su capital en algún negocio no relacionado con el boxeo.

Los actores que fueron un poco más inteligentes y lograron consolidar su negocio hacen su trabajo con más gusto, porque ahora se pueden dar el lujo de elegir sólo los papeles que más les gusta interpretar; ya no tienen la presión de que el dinero se está acabando y tienen que actuar en lo que sea, aunque no les guste o no vaya de acuerdo con lo que les gustaría hacer, o porque no les queda de otra.

¿Qué negocio podrías iniciar? Todo es cuestión de decidirlo. Hay muchas opciones disponibles, en muchas revistas de negocios podrías encontrar ideas que se adapten a tus gustos y capacidades. Es muy interesante la forma en la que se hacen negocios por internet, porque los consumidores podemos comparar precio, calidad y tiempo de entrega. Sin embargo, en internet siempre se pueden conseguir productos o servicios más baratos, porque no se tiene un espacio físico a donde el cliente tenga que entrar, esto elimina gastos de electricidad, empleados y otros servicios que por supuesto cuestan. En internet puedes iniciar un negocio tú solo y, si eres constante y das un buen servicio, es muy probable que generes utilidades en poco tiempo.

Quizá esta idea aparente ser muy sencilla, pero requiere trabajo. Probablemente debas sacrificar tus fines de semana o no tengas tanto tiempo libre, pero es por un tiempo, cuando tus ingresos vayan mejorando, podrías contratar a un encargado que siga con el negocio y tú puedas emprender algún otro.

Muchas personas no tienen ni idea de cómo se puede emprender un negocio, en la actualidad hay empresas que dan cursos de contabilidad, mercadotecnia, finanzas y administración; tienen estructurado todo un sistema para que en poco tiempo y con altas probabilidades de éxito hagas un plan de trabajo que te permita abrir el negocio. Busca una "incubadora de negocios", muchas tienen formas de financiamiento y cuentan con expertos que te pueden guiar para que evites cometer errores.

Las incubadoras de negocios escuchan tu plan inicial. Si creen que tu negocio es factible, empiezan con el proceso; pero si consideran que tu idea debe ser madurada, entonces te ayudan a pensar en cómo mejorar el producto o servicio que el mercado necesita.

1. Tu trabajo debe ser emocionante, tienes que amarlo y disfrutarlo. Debe ser una fuente de grandes satisfacciones, no sólo por generar dinero, también debes sentirte realizado.
2. Debes amar el negocio que decidas emprender y tiene que ser útil para los demás.

3. Si no sabes cómo emprender el negocio o crees que es muy complicado, contacta con una incubadora de negocios, ellos te asesorarán, incluso podrían ser una fuente de financiamiento.

4. Debes tener muy abiertos los ojos, porque en cada esquina puedes encontrar que los clientes tienen una necesidad que tú puedes llenar. No es tan complejo.

5. Si nunca lo intentas, nunca podrás conocer todo tu potencial.

"LA ÚNICA PARTE DONDE EL 'ÉXITO' APARECE ANTES QUE EL 'TRABAJO' ES EN EL DICCIONARIO." VIDAL SASOON.

26

Siembra en distintas macetas

E N ALGUNOS LIBROS PODRÁS ENCONTRAR UN EJEMPLO parecido al que voy a darte. Este consejo lo he encontrado varias
ocasiones en distintas publicaciones de negocios. Pero lo
que trataré de mostrar no se basa en teoría, sino en mi experiencia.
Es muy importante que diversifiques tus ingresos. Los árboles, las
plantas y los distintos vegetales ofrecen sabiduría. Si un día tienes
la oportunidad de platicar con una persona del campo, te sorprenderá la gran cantidad de conocimientos que posee.

En la siembra de temporal, en algunos meses crece el maíz;
en otros meses, crecen las peras, las calabacitas, las zanahorias.
Muchas plantas requieren condiciones específicas de sol y de tem-
peratura que sólo se encuentran en algunas épocas del año.

En el campo, la gente conoce las temporadas en las que crece
cada planta. Lo mismo sucede con los negocios. Intenta tener
distintas "macetas", donde puedas sembrar distintos tipos de ingreso. Con esto asegurarás tu estilo de vida para cada época del
año. Algunas veces un negocio puede ir mal, mientras que el otro
puede estar en pleno desarrollo. Como las plantas, los negocios
requieren tiempo, dedicación y mucha paciencia. Si alguna vez
has sembrado un árbol frutal, recordarás que el primer año lo

cuidaste, lo abonaste, lo regabas constantemente y el crecimiento fue muy poco. No te dio ningún fruto y quizá sentiste que habías desperdiciado muchas horas en su cuidado. El siguiente año, el arbolito ya había crecido un poco, estaba más fuerte y las plagas no le causaron tanto daño. Este año dio un poco más de fruto y año con año, el propio árbol se cuidaba a sí mismo y pudiste cosecharlo con muchas ganancias.

El consejo radica en tener muchos árboles. Dedícales a cada uno un poco de tu tiempo diario. Algunos negocios o ingresos requerirán que lo cuides más en algunos meses y otros serán un poco más independientes. Si logras tener tres, cuatro o cinco árboles, no te preocupará si un árbol llega a morir, porque tienes empleo y aparte tienes algunos árboles que están generando ingresos. Tampoco te preocupará si uno de tus árboles no tuvo mucha actividad y generó pocos ingresos. Algunas veces, un árbol puede tener un mal año. Pero también sucede que en un año los árboles tienen muy buenos frutos y la cosecha es muy abundante.

Igual que en el campo, siempre es importante que veas las señales y los tiempos. En ciertas regiones de Jalisco el agave sube mucho de precio algunos años, el costo se eleva hasta las nubes y los pocos que tenían sembradas sus tierras con agave venden su cosecha a un precio muy alto. Cuando termina la cosecha, ese mismo año, algunos campesinos mal informados siembran todas sus tierras porque se dieron cuenta de que perdieron una gran oportunidad. El agave tarda en crecer siete años, es mucho tiempo. El año siguiente, como todavía no hay suficiente fruto, los campesinos siembran las pocas tierras que estaban ociosas y entonces empieza una larga espera. Cuando por fin llega el tiempo de cosechar el agave, siete años después del gran precio, todos los campesinos levantan la cosecha, la llevan a vender a los destiladores y ¡sorpresa! El precio es muy bajo porque hay mucha oferta, por supuesto el precio está en el suelo. Lo mismo sucede al año siguiente, porque toda la tierra ya estaba sembrada con agave. Ante la decepción, la gente deja de sembrar, son muy pocas las personas que deciden sembrar a causa de las pérdidas o porque pensaron que ya no iba a ser negocio. Esos pocos aventurados, al paso de siete años, levantan una gran cosecha y la vuelven a vender muy cara, la oferta de agave es muy poca y los precios están por las nubes de nuevo.

Tienes que leer los tiempos y ser muy astuto. Siguiendo con el ejemplo del agave de Jalisco, sería muy inteligente variar el tipo de siembra, debemos tener una estrategia clara, pensar por algunos días el mejor camino para tener los mejores ingresos. Muchas personas primero trabajan y después piensan cuál fue el error. El mejor camino es pensar la forma de trabajar y después trabajar.

Recuerda que nunca debes tener ociosos tus recursos, encuentra la mejor manera de invertirlos. Si alguna vez has ido a Veracruz, sabrás que es una tierra muy fértil, el clima, la humedad y todos sus recursos naturales propician que prácticamente cualquier planta o árbol pueda crecer. Todo es cuestión de enfoques, pero estoy seguro de que México es un país donde hay grandes oportunidades, el país es una tierra muy fértil para los negocios. En todas las ciudades y en cualquier plaza, podemos ver que hay vendedores de comida, de revistas, ropa y de novedades. Cada persona que ves ofreciendo sus mercancías vive de eso. Me sorprende ver la creatividad de los sabores de helados, creo que los mexicanos tenemos una gran capacidad creativa y muchos la utilizan para ofrecer al mercado un producto novedoso.

Hay personas que han logrado hacer fortunas con lo mismo, pero en diferente momento. Lee el paso de los tiempos.

Cuando vives en el mundo de los negocios, te relacionas con hombres de negocios, así que es comprensible que escuches propuestas de inversión y posibles oportunidades. Muchas personas te podrán proponer que incursiones en una actividad de la que no conoces nada y es frecuente escuchar: "No pongas todos los huevos en una misma canasta." Pero esto no es lo mejor. La propuesta de sembrar en distintas macetas se basa en que toda tu actividad esté más o menos relacionada. La experiencia de un negocio y los contactos que tienes deben ayudarte a crecer, no es lo más correcto empezar desde cero.

Si te dedicas a la fabricación de muebles, podrías empezar un negocio de comercialización de muebles o de herrajes. Pero se requeriría mucho esfuerzo para empezar a incursionar en la producción de material eléctrico. Es muy importante que nos enfoquemos en un área comercial determinada, por supuesto, esto no es una ley, pero sí es un consejo que muchos inversionistas siguen.

Amplía tu abanico de negocios, pero recuerda que los recursos siempre son limitados, pues aunque pudieras tener una fuerte cantidad para invertir, el tiempo siempre será limitado.

La mayoría de los negocios no se logra en la oficina del cliente, sino en las pláticas imprevistas, cuando saludas a un amigo en la calle o cuando estás en una cena y saludas a un conocido. Las relaciones sociales son fundamentales para que un negocio prospere. Así que si decides iniciar en un nuevo giro, tendrás que conocer otro círculo de personas. Lo más inteligente sería enfocarse en todos los negocios relacionados con tu actividad actual. Insisto, esto no es una ley.

Cuando tengas la seguridad de que tu negocio puede suplir tus necesidades básicas, entonces podrás empezar a acumular un capital de riesgo que, en caso de que lo pierdas por un mal negocio, no te cause un problema serio en tu nivel de vida. Será éste el momento ideal para ser arriesgado e incursionar en negocios de mayor rendimiento, aunque pudiera implicar un riesgo más alto, te sentirás seguro al saber que un negocio está generando utilidades y que no estás comprometiendo su desarrollo con tus otros planes.

1. Cuando un negocio te esté dando fruto, debes iniciar un nuevo proyecto. Así tendrás la seguridad de que siempre estarás creciendo y asegurando tus ingresos.
2. Las relaciones comerciales siempre son muy valiosas. Convive con personas que tengan alguna relación con tu negocio.

3. Algunas personas siguen sus corazonadas y tienen éxito. Muchas preferimos tomar decisiones basados en la opinión de expertos. La mayoría no siempre tiene la razón.

4. Si un grupo muy alto de competidores está abandonando una industria, podrías considerar ingresar a este negocio, pero con algunas modificaciones al producto o servicio. Si muchos están abandonando el giro, tendrás menos competencia.

5. Es muy importante que tengas una planeación estratégica en tu empresa. Busca a un experto que pueda ayudarte a planear el rumbo de ella.

"CUANDO SE ESTÁ EN MEDIO DE LAS ADVERSIDADES, YA ES TARDE PARA SER CAUTO." SÉNECA.

27

No seas víctima

SI ESTÁS LEYENDO Y ESTÁS RESPIRANDO, no eres una víctima. Sin importar el daño que te hayan hecho, sin importar el dolor o la herida, estás vivo. La vida nos lleva a situaciones extremas. Suponemos que el problema que enfrentamos sobrepasa nuestras fuerzas e imaginamos que en cualquier momento nuestra mente enfrentará un colapso. Pero los días pasan y seguimos vivos.

Quizá, recientemente, alguien te haya hecho un daño a propósito. Quizá te hayan dañado muy fuerte sin intención de lastimarte, pero todos, en algún momento de la vida, encontraremos situaciones dolorosas que no sabremos cómo enfrentar.

Este capítulo pretende mostrarte un punto de vista muy diferente a todo lo que has escuchado con anterioridad, deseo que te ayude a superar alguna adversidad.

No eres víctima. Si enfrentamos situaciones difíciles, siempre tendremos la libre elección de escoger cómo resolveremos el problema: ¿nos dejaremos vencer o seguiremos peleando? La propuesta más digna, la más fuerte y la más interesante es: **no te dejes vencer.**

Incluso, sin fuerzas físicas o mentales, decide no rendirte. Las víctimas son todas las personas que decidieron dejar de luchar o que ya no pudieron más. No te rindas. Sigue con la firme creencia de que mañana sucederá algo, un pequeño cambio que te permitirá estar bien a lo largo del tiempo.

Serías una víctima si creyeras que todo seguirá igual, que no hay nada que hacer, pero siempre podemos elegir. Siempre hay una pequeña luz de esperanza. Incluso una pequeña luz se nota a la distancia en las noches más oscuras, por eso, continúa con pasos muy lentos, avanzando hacia la respuesta.

Es común que nos olvidemos de nosotros mismos. Estamos en una actividad y en otra, trabajamos, escuchamos música, vemos televisión, vivimos en las redes sociales, nos distraemos... ¿Hace cuánto tiempo que no te escuchas? El dolor que estás sufriendo te llevará a redescubrirte y quizá te des cuenta por primera vez, que estás vivo.

No sufrimos por la experiencia solamente, nuestro verdadero dolor surge al darnos cuenta de que nos olvidamos de nosotros mismos. Te duele reconocer que confiaste en quien no merecía tu confianza; te duele saber que aunque había muchas evidencias, jamás las quisiste ver, porque tu corazón deseaba confiar.

La vida es una experiencia personal. Nadie puede nadar por ti, nadie puede leer por ti, la vida es individual. En los momentos más terribles, podemos hacer un diagnóstico de cuánto nos conocemos y si en verdad hemos conocido nuestro interior. ¿Has descubierto alguna cualidad que creías que no era tuya?

El dolor nos lleva al centro de nuestro ser. Muchas personas han descubierto a Dios en situaciones difíciles, entonces ese momento ya tuvo algún sentido. Este tipo de experiencias no deben ser vividas con base en la pregunta "¿por qué?" El mejor sentido que puedes experimentar surgirá si ves esta vivencia desde la pregunta "¿para qué?" El "por qué" nos ancla al pasado y, como hemos mencionado, el pasado no puede ser modificado. El "para qué" nos ofrece un destino, nos permite capitalizar la experiencia y comprender que el dolor ofrece grandes enseñanzas.

Antes de esta experiencia, te habías olvidado de tu personalidad, de tus sueños, de tu familia y de la gente que amabas.

Compartías tiempo con compañeros de trabajo, socios y con personas que te ayudaban a tu desarrollo económico, pero ahora descubres que las relaciones eran superficiales. Probablemente, habías dejado de lado a tu familia, a tus verdaderos amigos y a esas personas importantes a quienes les hablabas rara vez, porque sabías que allí estarían y, es cierto, allí están, pero la familiaridad se ha enfriado así que debes lograr que se restaure.

Esta experiencia te está mostrando también muchas tareas que habías olvidado. A algunos nos pasa que recordamos que hace muchos años deseamos llamarle a nuestros amigos de la adolescencia, leer un libro que nos recomendaron y conocer un pueblito donde los paisajes son hermosos. ¿Lo dejaste en la carpeta de "Cosas que digo que haré, pero que sé que no lograré"?

Sigue luchando, no te rindas, busca información, encuentra nuevos amigos, no eres una víctima. Mientras pelees, no serás una víctima.

¿Y cómo podríamos pelear si ya no tenemos fuerzas? El primer paso para seguir luchando consiste en **no perder la esperanza**. Ésta podría ser la mayor lucha mental a la que te puedas enfrentar porque cuando perdemos la esperanza, creemos que nada bueno nos sucederá, que todos son más afortunados que nosotros, que no pasará nada que pueda beneficiarnos. Sin importar el panorama, tu esfuerzo debe centrarse en creer que la situación tiene que mejorar. Y de nuevo citaré una frase de Henry Ford, que a mí me inspiró enormemente. "Si crees que puedes, tienes razón. Si crees que no puedes, tienes razón." Puedes creer que permanecerás vencido o puedes creer que superarás esta situación.

La fuerza para seguir luchando la encontrarás en tu corazón. Tu alma desea seguir luchando. Si creemos que somos una víctima más, es probable que tengamos la sensación de que la vida está en deuda con nosotros. Quizá esperaremos a que nos llegue una oportunidad, porque tiene que llegar, en vez de salir y generar nuestras propias posibilidades. Cuando creemos que hemos sido dañados, también esperamos que alguien venga a rescatarnos, pero es evidente que cada persona tiene sus propios problemas y no tendrán tiempo para resolver los nuestros.

En las empresas, quizá más de noventa por ciento de los problemas son causados por el jefe, y no por la competencia o por los clientes. Si el gerente de la empresa no tiene el empuje necesario para desarrollarse, frenará el crecimiento de la empresa. Pero si hay un director muy intrépido, la empresa pagará el precio de su arrojo. Lo mismo sucede en la vida de cada persona. Siempre veremos el mundo de acuerdo con la visión que elegimos al crecer. Si eres enojón, el mundo será agresivo y molesto; si eres alegre, descubrirás que el mundo te sonríe.

No elijas ver al mundo desde la visión de una víctima, porque nada te saldrá bien, siempre estarás limitado, nunca se conjuntarán todas las circunstancias necesarias para que puedas buscar tus sueños, siempre tendrás una visión gris y oscura de tu realidad. Quizá, deberíamos reflexionar sobre la pregunta de Paul Watzlawick: "¿La realidad es real?"

Angélica es mi amiga. Cuando era una niña, iba a la escuela y tenía una vida normal. Se divertía y jugaba como cualquier niño, fue hasta cuarto o quinto año que una maestra descubrió que necesitaba lentes. Así que un día fue al oculista y se dieron cuenta de que su visión era muy pobre. Le recetaron unos lentes. Angélica salió a la calle y descubrió un mundo nuevo. Se dio cuenta de que los árboles tienen una forma definida, pudo ver el rostro de las personas con precisión, no es exageración decir que redescubrió el mundo. Dudó de todas las imágenes que tenía en su memoria y tuvo que generar nuevos recuerdos visuales.

¿Estás seguro de que conoces el mundo? ¿Estás convencido de que todos tus recuerdos sucedieron tal y como son? Tristemente todavía no se han inventado lentes para el alma, estamos condicionados a observar el mundo desde los temores que nos inculcaron y desde los prejuicios que heredamos. Pero la realidad podría ser distinta a como la creemos. Y las maneras más frecuentes en las que decidimos ver el mundo son: como víctimas o como miedosos.

¿Con cuál de estas opciones más comunes te identificas? Te invito a que aceptes el reto y decidas ver el mundo tal y como lo vería una persona exitosa, un hombre libre o una persona dichosa.

1. Podríamos empezar a dudar de nuestros recuerdos, nuestra historia no sucedió tal y como la recordamos. Muchas veces nuestra mente llena los espacios que no recuerda con imágenes creadas mucho tiempo después.
2. Podrías hacer este experimento. Platica con un amigo de la primaria y dile que si recuerda a "Elvira Paola Juárez Gutiérrez", podrías platicarle que en una ocasión ella le regaló un lápiz y que a él le gustó mucho el detalle. Al principio, es probable que te diga que no la recuerda, pero si le agregas más detalles al relato, empezará a dudar y muchas personas "se acordarán" del suceso. ¡Haz la prueba!
3. ¿Cómo ves al mundo? Es probable que esta forma de verlo haya sido heredada o aprendida. Sería conveniente que desarrolles tu manera personal de observarlo. Tienes el derecho de cambiar tu mundo interior.
4. Ser una víctima te generará la sensación de que alguien o algo te debe compensación. Este freno te impedirá crecer como persona. No eres una víctima, lo serías si hubieras muerto.
5. Una víctima siempre necesita un victimario. Perdona y avanza, es la única posibilidad de ser la persona que tanto has soñado.

"LO QUE NO ME MATA, ME FORTALECE." FRIEDRICH NIETZSCHE.

28

Ten muy en claro tu identidad

¿**Q**uién eres? Ésta es una pregunta muy sencilla que pocas personas pueden contestar. Este capítulo está basado en los comentarios que hice en mi programa de radio que se transmite en Monterrey, *Por una vida plena*. Decidí agregarlo al libro porque es un tema fundamental para las personas de cualquier edad, además, me sorprendió la cantidad y la calidad de comentarios que generó este tema.

¿Quién eres? Cuando le haces esta pregunta a alguien, la gran mayoría de las personas contesta: "Yo me llamo…" Pero tu nombre no define quién eres. Tus papás eligieron tu nombre y quizá no te gusta cómo te llamas. No eres tu nombre.

Tampoco eres tu profesión, porque podrías cambiar de trabajo y seguirías siendo la misma persona. En algunos casos, las personas confunden su estado de ánimo con su identidad y contestarían: "Yo soy una persona feliz." O los más nacionalistas dirían: "Yo soy mexicano." Pero entre todas las personas felices y entre todos los mexicanos, ¿cuál es la diferencia entre tú y los demás? Si pusiéramos a todas las personas felices en una caja ¿cómo podríamos distinguirte entre ellos?

Tampoco tu identidad se define por tus rasgos físicos, no eres "alto" o "chino" o "blanco", ésos son accidentes causados por la genética. Entre más ejemplos pongamos, quitaremos muchas capas y poco a poco llegaremos al fondo.

En una ocasión, le pregunte a alguien: "¿Quién eres?" Y me gustó mucho su respuesta tan sincera: "No sé quien soy." Esta respuesta genuina nos permite iniciar con la búsqueda de tu verdadera identidad.

El problema es que, cuando nacimos, todos conocíamos nuestra identidad, pero la influencia de los familiares y amigos fueron contaminando esta información. Nunca falta la gente que trata de etiquetarte y te da malas ideas para que establezcas tu identidad. En la primaria empezaron los apodos, te catalogaron como: flaco, alto, gordito, estudioso, enojón, sonriente, triste, alegre… y tomamos estas ideas para intentar definirnos.

Quizá nos dijeron categóricamente: "Eres flojo", y como la mayoría de la gente lo dijo, ahora "actuamos" de esa manera para no decepcionar a las personas. ¡Qué triste! Pero muchas veces ha sucedido.

Una buena decisión sería dudar de quién crees que eres. ¿En verdad "eres" enojón? ¿En verdad "eres" el gordito? ¡Duda! Y creo que debemos dudar, porque siempre relacionamos nuestra identidad con algún defecto o con un comportamiento que detestamos. Ojala creyéramos que somos exitosos, fuertes, emprendedores o muy talentosos, lastimosamente siempre nos identificamos con un error que cometimos, pero jamás con un gran acierto.

Si se presenta la oportunidad, y si algunos amigos me han dado su confianza, hago esta pregunta, son muchas las ocasiones en las que se me ha erizado la piel, cuando me contestan:

Soy fracasado.
Soy depresivo.
Soy una cualquiera.
Soy manipulador.

Soy golpeador.
Soy frustrado.

Esta lista podría ser muy extensa, pero en general, cuando me contestan desde el fondo de su corazón, mis amigos y yo hemos llorado. Y hemos llorado porque esta palabra, que por primera vez se atreven a decirse, es como un programa que ha regido su comportamiento por años, aunque es incómodo y doloroso. Este programa es como un virus mental que contamina nuestras intenciones más puras, también surge cuando platicamos con alguien y un mensaje grosero se aparece en nuestro pensamiento y dice: "Si la gente con la que estás supiera quién eres en realidad, les daría pena saber que platican con un.... como tú."

¿Te gustaría eliminar este virus mental que nos domina? Primero, debes reconocerlo, no eres lo peor de ti, ésa es tu historia, pero los eventos del pasado, no tienen derecho a definirte.

En el programa de radio, les sugerí esta respuesta como guía para establecer la identidad: "Tú eres quien quieras ser. Tú, eres tú." Somos seres cambiantes, cada día aprendemos algo nuevo que nos transforma. Tú eres tú y sólo tú podrías definirte. ¿Qué te parece esta idea? Es un buen camino para empezar. Espero que te sirva.

1. Nadie puede definirte, ése es tu propio derecho. No eres tu pasado, tampoco tus errores, no eres tus sueños frustrados, ni las equivocaciones de tus padres.

2. Si terminas la siguiente frase con una palabra negativa, es muy probable que estés confundido con tu identidad: Yo soy...

3. La opinión de la gente no debe interesarte. Si las personas creen que eres de alguna manera, podrías contestar: "Posiblemente, he actuado como lo crees, pero soy una persona diferente, tu opinión es tan sólo eso, una opinión y, por fortuna, mi identidad no depende de lo que creas de mí."

4. No soy lo que fui, tampoco soy lo que seré. Soy lo que en este momento soy, por lo tanto puedo cambiar, cada vez que lo decida.

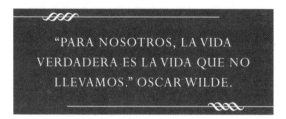

"PARA NOSOTROS, LA VIDA VERDADERA ES LA VIDA QUE NO LLEVAMOS." OSCAR WILDE.

29

Busca un mentor

CUANDO ERA NIÑO FUI A NUEVA YORK. Como a todos los turistas, nos llevaron a conocer los principales atractivos de la ciudad. Pasamos frente a las grandes tiendas y frente a los monumentos más importantes, fue una gran experiencia. Dentro del recorrido, nos llevaron a la Biblioteca Pública de Nueva York. ¡Es enorme! Entramos por algunos pasillos y continuábamos caminando y no veíamos los libros. ¡La Biblioteca es muy grande! Cuando por fin vimos todos los estantes llenos de libros, me pregunté: "¿Habrá una persona que haya leído todo esto?" ¡Por supuesto que no! Pero descubrí que mi ignorancia es muy grande y que necesito conocer muchas cosas.

Todo el conocimiento que hay en el mundo requiere mucho tiempo para aprenderlo. ¿Te imaginas que alguien tuviera mucha sabiduría y te diera consejos para enfrentar tus problemas de la vida diaria?

La buena noticia es que estas personas existen y tú las conoces. Les llamamos "mentores". Los mentores son aquellas personas que merecen nuestra confianza en alguna área: familiar, económica, deportiva, etcétera. Son sabios, con muy buenas ideas y, en general, son de mayor edad que tú.

Tengo tres mentores, porque hay tres áreas específicas de las que quiero aprender. Uno de mis mentores, por ejemplo, es un hombre de negocios que me da consejos acerca de cómo debería llevar mis ingresos. Este hombre es muy hábil en el área financiera. Así que le platico mis planes y mis ideas, él me ofrece un buen consejo. Debo escucharlo con mucha atención, después debo meditarlo y si las cosas no van como creo, muchas veces busco a mi mentor y le explico la información que encontré y juntos buscamos nuevas soluciones y oportunidades.

Mis amigos y mentores son personas que conocen mucho de los temas. Y lo hacen porque posiblemente cometieron muchos errores en el pasado, pero no se dieron por vencidos, sino que tomaron las riendas de las situaciones y enfrentaron los problemas. ¡Por eso son mis maestros, porque saben!

¿En qué áreas crees que has cometido más equivocaciones? Es muy probable que conozcas a alguien que pueda ayudarte y que sea un experto en ese tema. Intenta ser su amigo, explícale que quieres dejar de equivocarte y que buscas a alguien que te pueda dar consejos. Recurre a las personas, pero hazlo con el mayor deseo de aprender. Tal vez no estarás de acuerdo con sus opiniones, quizá esa sea la razón por la que te has equivocado tanto, porque has tomado el camino incorrecto.

Ésta es una posible lista de opciones en la que podrías buscar un mentor: familia, economía y finanzas, deportes, temas emocionales, desarrollo personal, cualquier tema de tu interés, etcétera.

Recuerda que estas personas te harán el favor de compartir sus conocimientos. No tienen la obligación de hacerlo. Así que cuando acudas a ellos, ve con mucho interés, aprende todo lo que puedas, toma notas, comparte tus experiencias.

Te puedo asegurar que con el paso de los días, tendrás una amistad muy sólida y con sentido. Este tipo de personas son muy valiosas, así que no desperdicies ninguno de los consejos que te den, aunque la decisión de cómo resolver tus problemas sigue siendo tuya.

Cuando me mudé de México a Monterrey, descubrí que necesitaba mentores en tres áreas de mi vida. Siempre quise ser un empresario y mi familia tiene experiencia en el medio artístico, pero era necesario aprender el mundo de los negocios y el dinero. Encontré un mentor en esta área. Decidí buscar a un hombre que me ayudara en mi camino espiritual, tenía poco tiempo de ser cristiano, así que busqué a alguien con quien compartir y de quien aprender las experiencias de lo que en ese tiempo era un tema nuevo para mí. Busqué un mentor en el tema de la familia. Algunas revistas de chismes te podrían informar acerca de mi historia familiar.

Decidí buscar mentores en estas tres áreas. ¿En qué temas te gustaría encontrar a un experto que te guíe? Me gustaría darte algunas ideas, para que puedas seleccionar al mejor mentor:

1. Observa su vida personal. Si estás buscando un mentor que te aconseje en temas financieros, estudia la forma en la que esta persona ha generado sus ingresos. Ser rico no es siempre el mejor síntoma, debes conocer la forma en la que generó sus ingresos. Hay personas que han hecho fortunas con base en un trabajo honrado y digno de presumirse; otros quizá sólo mantuvieron una herencia, y tristemente hay personas que se enriquecieron a costa de los demás.

2. ¿Qué hace ese posible mentor con sus utilidades? Si su vida no tiene sentido, quizá te enseñe que el dinero es un sustituto del amor o de las relaciones personales. ¿Te gustaría ser como él?

3. En cuanto al tema familiar, muchas personas tienen hermosas y brillantes teorías de cómo se debe convivir en la casa. Pero observa a sus hijos. ¿Son felices? ¿Están creciendo sanamente? Siempre ve a dónde han llegado los mentores, las palabras muchas veces pueden ser música para nuestros oídos, pero el resultado siempre es lo importante.

4. Un buen mentor jamás atentará contra tu personalidad. Muchas personas sienten la necesidad de enseñar lo que

saben, pero no porque su información sea valiosa, sino porque necesitan trascender. Un buen mentor jamás menospreciará tu conocimiento, sólo te dará caminos para que aprendas con mayor facilidad.

5. Mi mentor en negocios es un hombre sencillo y muy brillante. Cuando empezó a enseñarme sus conocimientos, me dio una semana para leer un libro, fueron cinco libros los que leí en cinco semanas. La lectura me ayudó a comprender el concepto de las palabras y fue para ponernos de acuerdo en el significado de los conceptos que él y yo ahora usamos. Le agradezco que después de la teoría iniciamos con la práctica, estuvo a mi lado y no sólo eso, sino que me propuso iniciar un negocio juntos. ¡Esa experiencia cambió mi vida! Muchas personas sólo quieren engrandecer sus egos y explicar cómo lo hicieron, pero mi mentor inició conmigo una nueva experiencia. Aprendí que cada negocio es diferente y que hay reglas básicas para todos los proyectos. Pero lo aprendí a su lado, yo me comprometí a aprender y él a enseñarme. ¡Fue magnífico!

6. De la misma manera, pasé tiempo con mi mentor en los temas espirituales y en los temas de familia. La convivencia con tu mentor es fundamental.

No todo lo que brilla es oro. Pude haber buscado a un mentor en el tema de la familia, que tuviera la familia más hermosa, pero preferí buscar a alguien con un pasado similar al mío. Alguien que comprendiera mis experiencias y que entendiera mis limitaciones. Si vienes de una familia tradicional, quizá necesites a un mentor que también provenga de una familia tradicional. Yo necesitaba a alguien con un pasado similar al mío, claro que es muy complicado conocer a otro hijo de dos cantantes, pero encontré a una persona a quien respeto, porque sus orígenes son complicados, pero ha logrado salir adelante con mucho éxito.

Puedes buscar que tus mentores tengan algunos requisitos. A mí me interesaba que fueran personas íntegras, trabajadoras, que creyeran en Dios y que además tuvieran familias integradas. Mi mentor en negocios es un excelente católico, comprometido con sus creencias, mis otros dos mentores son cristianos. Todos son hombres admirables.

> "UN MENTOR ES ALGUIEN QUE VE MÁS TALENTO Y CAPACIDAD DENTRO DE TI, DE LO QUE TU VES EN TI MISMO, Y TE AYUDA A SACARLO DE TI." BOB PROCTOR.

30

Deja una herencia

L<small>A HERENCIA SE COMPONE</small> de cuatro elementos principales:

* Bienes materiales.
* Conocimiento.
* Patrones de conducta.
* Recuerdos y lecciones.

Los bienes materiales son la única parte visible de la herencia que podemos dejar a nuestros hijos y a las personas que amamos. Estas propiedades son el resultado de años de trabajo y esfuerzo que dejaremos a las personas al morir. En nuestro testamento tenemos la oportunidad de decidir el destino de nuestros bienes, de acuerdo con un deseo, una necesidad, incluso un capricho personal que tengas. Sólo como consejo, es muy importante que no heredes en vida, sino que consultes con un abogado para que tus bienes sean entregados hasta que hayas muerto. Pero sin importar si tienes muchos bienes o si no son tantos, tus pertenencias son la parte más pequeña de todo lo que vas a heredar. Es muy importante que escribas tu testamento y lo hagas de acuerdo con todas las regulaciones legales vigentes.

El conocimiento es un elemento muy importante de tu herencia. Aunque las escuelas son la principal fuente del conocimiento, si enviaste a tus hijos a la escuela y les ofreciste las mejores opciones educativas, según tus posibilidades, entonces ya has entregado un gran legado. El conocimiento que les puedas dar a tus hijos les proporcionará las mejores herramientas para su desarrollo. No sólo se trata de que tengas acceso a los libros, a internet o al conocimiento, lo más importante es que los enseñes a aprender. Si tienen alguna duda, no les ofrezcas la respuesta, investiga con ellos, enséñales a abrir un libro, a buscar palabras en el diccionario. No sólo se trata de que tengan el conocimiento, sino que tengan la seguridad de que pueden llegar a él.

Puedes encontrar el conocimiento teórico en cualquier escuela, pero es importante que eduques a tus hijos para la vida. Muéstrales el mundo real, aunque los protejas. Es de vital importancia que sepan cómo es la calle. Puedes mostrarles cómo elegir un lugar para comer cuando tienes un presupuesto limitado, podrías llevarlos cuando visites a un cliente para ofrecerle tus productos o servicios. Si has aprendido a reconocer qué zonas son seguras, ayuda a tus hijos a tener este discernimiento. Estas lecciones de vida no se pueden mostrar a larga distancia, sé parte de la experiencia, muestra cómo se resuelven los problemas de la vida diaria, cómo podría ser la elección de un taller mecánico en una ciudad extraña. Me gustaría que fueras con tus hijos al Centro Histórico de la Ciudad de México, sería interesante que aprendieran las formas de protegerse, la mejor manera de caminar por esas calles. A tus hijos varones enséñales cómo se hace el nudo de una corbata y también diles cómo se pueden preparar la comida. No hagas diferencia entre niños y niñas, todos tenemos que prepararnos de comer en algún momento y también debemos saber cómo se hacen las labores de limpieza de la casa.

Desde niño, mi papá me enseñó cómo debía llenar un cheque, en ese entonces se llenaban fichas de depósito con muchos requisitos, también me enseñó a hacerlo. Me dio lecciones tan valiosas como la forma en la que puedo pedir información relevante para comprar una máquina y para leer un mapa. ¡Todo esto les servirá tarde o temprano!

Los patrones de conducta los puedes heredar a tu familia, pero también a tus compañeros de trabajo y a la gente que te rodea. Podemos dar una conferencia y hasta un seminario de la puntualidad, pero las personas aprenderán más, si llegas a la hora que prometiste. En el programa de radio comenté que un día mi hijo Mateo, el más pequeñito de la familia, me pidió gritando que le pasara un juguete. Lo vi a los ojos y le dije: "¿Por qué gritas? Si me lo pides, te lo puedo dar." El niño abrió sus ojitos como sorprendido, porque quizá no había considerado esa opción. Pero si mi hijo grita y yo le contesto con otro grito, lo único que haré será demostrarle que gritar es correcto.

Si no hago ejercicio, no puedo pedir que mis hijos sean deportistas, porque los niños aprenderán de lo que ven. Algunas teorías respecto a la diabetes están demostrando que esta enfermedad no es hereditaria. ¿Entonces por qué en algunas familias hay tantos diabéticos y en otras no? Se cree que heredamos los hábitos alimenticios y esto es lo que daña nuestro cuerpo. Si en una casa siempre hay exceso de alcohol, no es de sorprenderse que varias personas de esa familia sean alcohólicas. Si en una familia la alimentación no está balanceada, es muy lógico que se desarrollen enfermedades en todos los integrantes.

Enséñale a la gente que te rodea por medio de tus actitudes. Si te interesa que tus hijos sean trabajadores, muéstrales cómo es el mundo laboral; si trabajas, mereces una paga, pero no sólo trabajes por el dinero, sino por la satisfacción de trabajar. Puedes encargarles algunas tareas simples y puedes "pagarles" con dulces, con dinero o con algo valioso para ellos; con estas acciones, tus hijos buscarán más actividades y así aprenderán. Lo mismo sucede en nuestro trabajo, no podemos hablar de respeto si siempre peleamos o estamos enojados, trata bien a tus compañeros de trabajo, recuerda que las personas difíciles tienen un pasado difícil.

Quizá la parte más importante de tu herencia sean los recuerdos y las lecciones. Cuando las personas que amas se enfrenten a un problema, quizá llegará a su mente: "Mi papá, mi esposo o mi amigo hizo esto", estas herramientas tan valiosas serán tu mejor legado. Cuando compartes lo que has aprendido, le permites a cada persona mejorar la experiencia. Si eres una persona honesta y los demás descubren que ésa es una buena forma de vivir, seguro te imitarán. Impúlsalos a que te superen, a que siempre sean mejores que tú, no porque sea una competencia, sino porque eres una especie de proyectil que ayuda a que los demás lleguen al cielo.

No se trata de que la gente piense bien de ti cuando estés muerto, sino que ahora que estás en la tierra tu vida sea un placer y una alegría para los demás. Cuando naciste, el mundo era de una manera; deseo que cuando partas, lo hayas dejado un poquito mejor que cuando llegaste. Trata de hacer todo lo posible para que tu paso por la tierra sea una bendición para toda la gente.

Esfuérzate por tener una vida alegre, digna, llena de sentido para tus hijos. Las acciones que hagas hoy, serán el recuerdo del futuro. Así que desde hoy trata de heredar recuerdos agradables, busca la sonrisa de tus hijos, de tu esposa o esposo. Esto no es debilidad de carácter y tampoco se trata de ser permisivo, se trata de hacer tu mejor trabajo.

Con los años, tus hijos tendrán sus propios ingresos, quizá puedan asistir a las mejores universidades del mundo, pero no habrá nada que pueda hacer que cambien el recuerdo que tienen de ti. Haz que las personas que amas, en verdad, se sientan amadas, cuidadas y protegidas por ti. Ama a tu pareja, ella es la compañía que has elegido para tu vida.

Algunos filósofos establecen una analogía, dicen que cuando un hombre muere, deja una especie de aroma en el mundo. Algunos dejan un mal olor cuando se van, otros dejan un perfume que se va esparciendo por toda la tierra. Quizá sea adecuado que de vez en cuando te imagines cuál es el aroma que estás preparando para tu partida. Ese aroma será tu herencia para toda la humanidad.

Son muchas las personas que extrañamos cuando mueren, por su ejemplo o por su tenacidad, pero cuando su aroma y esencia se van de la tierra, nos sentimos solos. Aunque no hayamos conocido a Leonardo da Vinci, a Miguel Ángel o a Victor Hugo, sabemos que su presencia fue un regalo para todos. Tristemente, también han sido muchas las personas que cuando se van, nos alegramos de su partida porque sólo causaron dolor y angustia.

Deseo que mis hijos me recuerden y sonrían. Me gustaría mucho que pensaran en los momentos más felices que preparé para que los viviéramos juntos. Deseo que recuerden el día que tuvieron un problema y los enseñé a levantarse, en vez de levantarlos y hacerlos dependientes de mí. Deseo que mis hijos recuerden que siempre estuve a su lado y con el tiempo cambié mi posición y estuve detrás de ellos. Deseo que mis hijos recuerden que siempre los impulsé y que vayan por la vida siendo hombres de bien.

1. Todos heredamos, con cada acción diaria, un legado para las futuras generaciones. Incluso las personas que llevaron una vida sin sentido, están siendo ejemplo para los demás de cómo no debe vivirse.
2. Podemos heredar bienes materiales a nuestros hijos. Pero lo más valioso que podemos dejarles, es el sistema que les permita enfrentar la vida.
3. La vida es tan frágil, que nunca podemos estar seguros de cuántos años viviremos. Prepara a tus hijos desde el momento en el que nacen.

4. Hereda a tus hijos un nombre limpio.

5. Tu deuda no es con tus padres, ellos te dieron siempre, y de acuerdo con sus posibilidades, lo mejor que pudieron. Estás en deuda con tus hijos y con tus nietos.

> "EL COMPORTAMIENTO ES UN ESPEJO EN EL QUE CADA UNO MUESTRA SU IMAGEN." GOETHE.

31

Ayuda a que las personas encuentren lo mejor de sí mismas

CUANDO ESTOY EN UN AEROPUERTO o en un centro comercial, disfruto observar a la gente. Analizo su manera de caminar, trato de imaginar de dónde vienen, qué han vivido, si son muy serios o muy alegres.

Intento comprender qué cosas los llevaron a actuar de esa manera. No sé si lo has intentado, pero además de ser muy divertido y de aprender mucho, es una buena manera de invertir el tiempo. Todos los seres humanos somos extraordinarios.

Es muy común observar a muchos hombres solos, quizá hombres de negocios que caminan por las largas salas de los aeropuertos. Sus rostros expresan muy poco, dan la apariencia de ser muy fríos. Cuando veo a una persona así, sospecho que viaja mucho y que pasa mucho tiempo solo, así que las expresiones de su cara no comunican, porque la soledad no es una buena lectora de gestos ni ademanes. También observo a mujeres solas, veo sus miradas distraídas que, de vez en cuando, reaccionan con una sonrisa cuando ven a un niño a lo lejos, seguramente les gustaría ver a sus hijos.

En las calles también he observado a muchas personas que aceleran, se cruzan de un carril a otro sin respetar a nadie. O a los vecinos que dejan la basura tirada y se estacionan frente a tu cochera sin ningún pudor.

¿Qué hacen las personas en tu presencia? ¿Qué hace tu familia ante ti? ¿La gente quiere estar contigo o prefiere evitarte? ¿Tus amigos te saludan con una sonrisa sincera? No se necesita mucho esfuerzo para reconocer los efectos que tenemos en las personas con las que convivimos. Deberías considerar el efecto que generas: cuando llegas a una convivencia de tu familia ¿tu sola presencia, causa el fin de la reunión?, o si eres de las últimas personas que invitan a las reuniones, ¿tus conocidos se acercan a saludarte o has notado que simulan que no te ven con tal de no hacerlo?

Hay profesores en las escuelas que mientras fueron tus maestros los odiabas porque sus clases eran muy difíciles, pero con el paso del tiempo has llegado a amarlos y les reconoces que sus enseñanzas causaron muchos beneficios en tu vida. Pero también hubo maestros que fueron muy queridos por todo el salón, incluso después de tiempo, por todo lo que te enseñaron, esto lo agradeces y lo aplicas hasta hoy.

Sería casi imposible conocer las respuestas a todas estas preguntas. Pero sí podemos saber cuál es tu intención hacia los demás. ¿Buscas tu comodidad? ¿Te gustaría que la gente que amas y que te rodea tenga una mejor calidad de vida?

Hay personas que nos ayudan a crecer, mientras que otras, al menos en apariencia, intentan bloquear todos nuestros esfuerzos. ¿De qué tipo de persona eres tú?

Cuando llegues a una calle, por favor, no te estaciones frente a las cocheras, es muy molesto llegar a tu casa y no poder entrar. No te estaciones en lugares destinados a personas con alguna discapacidad o para embarazadas. Que tus acciones no hagan enojar a la gente, ni que se entristezca por tu causa, al contrario, que tu comportamiento sea una razón de alegría o, por lo menos, que no moleste a nadie.

Al principio de este capítulo les comenté de las personas que veo en los aeropuertos, la soledad es causada por su trabajo, pero también podemos observar a gente que está sola porque nadie desea estar a su lado; esto sí es una tristeza. Recuerda: haz que tus acciones sean una bendición a los demás.

¿Cómo podrías ayudar a que los demás encuentren lo mejor de sí mismos? No podemos influenciar en las personas si no confían en nosotros. Debemos cuidar y respetar la confianza porque nace del corazón de un ser humano. Si las personas han depositado su confianza en ti, debes ser digno de ella, trata de ofrecerles siempre tu mejor opinión, aunque quizá no sea la más cómoda. Tengo muchos amigos muy talentosos, trato de reconocer su esfuerzo y su capacidad.

Cuando estoy con un amigo y me encuentro con alguien más, o cuando alguien me acompaña a una cita de trabajo o social, tengo la costumbre de presentar a mis amigos y mencionar al menos tres o cuatro cualidades que ellos tienen. Lo hago porque me gusta presumir a la gente con la que convivo, además, porque es una forma de reconocerles sus dones y talentos. Muchas veces, cuando salimos de la reunión, mis amigos me han preguntado: "¿De verdad eso piensas de mí?" Y me siento muy feliz de demostrarles que cada una de mis palabras es real. Les doy ejemplos de por qué llegué a esa conclusión y de por qué estoy seguro de que llegará todavía más lejos. Haz este ejercicio con todas las personas que amas, porque les ayudarás a descubrir talentos que no han reconocido en sí mismos y descubrirán que en verdad los estimas.

Hace pocos días me encontré con un buen amigo que vivía en el extranjero. ¡Cómo ha cambiado! Se fue en la búsqueda de aventuras y regresó transformado. Ahora es un hombre muy trabajador, dedicado y con un gran amor por la vida. Me dio mucho gusto hacerle ver los cambios que todos notamos, pero que quizá él no había visto; no se trataba de decirle los defectos del pasado, sino de enfatizar sus logros.

Me gustaría pedirte que cuando una persona haya caído en un terrible error y todos le hayan dado la espalda, le recuerdes que sigues creyendo en él. Pero que esto no sea sólo un discurso, sino que te comprometas a confiar en él. Este consejo lo aprendí cuando leí *Los miserables*, de Victor Hugo. El protagonista es un hombre que salió de la cárcel. Estuvo preso porque había robado comida para que un niño no muriera de hambre. Este delito no lo convertía formalmente en un delincuente. Sin embargo, este hombre sufre el desprecio social. Al salir de la cárcel desea iniciar su vida en una nueva ciudad, pero nadie está dispuesto a darle ni la más pequeña ayuda humanitaria. Hasta que llega a una casa, donde un religioso congruente le ofrece hospedaje. Pero el protagonista abusa de la bondad de su anfitrión y roba algunos artículos de oro. La historia se desarrolla un poco más y este hombre es apresado cuando un policía le hace una revisión de "rutina". No deseo platicarte el inicio del libro, porque me gustaría que lo leyeras —a mí me hizo llorar—, pero las reacciones del religioso hacia el protagonista hicieron que tuviera un cambio de vida extraordinario.

Si nos lo proponemos, podemos ser un impulso para los demás, para ayudarlos a encontrar el mejor rumbo de su vida. Y no es porque seamos buenos o talentosos, sino porque es agradable comprometernos con los demás y ofrecer lo que recibimos. Creo que muchas personas han creído en nosotros, con su apoyo hemos podido conseguir muchos de nuestros sueños. Podría ser un maestro que creyó en ti, un amigo que te ha impulsado o quizá una persona con la que rara vez convives.

Hace algunos años, vi un reportaje en la televisión mexicana, sobre un hombre que es dueño de muchos taxis en la Ciudad de México. Si mi memoria no me falla, recuerdo que cuando fue niño, vivió en un orfanato y padeció algunas carencias, pero siempre contó con la confianza de sus cuidadores. Ahora es un hombre próspero, respetable y con una familia sólida. Me gustaría dar su nombre y más datos de él, pero no lo recuerdo. Sin embargo, descubrí en su mirada que se sentía un hombre seguro de sí mismo.

Es muy probable que sus logros no los consiguió solo, tuvo que contar con el apoyo de alguien más, y esa persona, que no salió en el reportaje, sin duda, fue quien lo impulsó al creer en él.

¿Quién ha creído en ti? Si no puedes mencionar al menos un nombre, te invito a que te relaciones con más personas, porque estoy seguro de que tienes capacidades extraordinarias que no se pueden encontrar en alguien más. No te encierres en tu círculo, permite que los demás encuentren lo valioso de tus acciones y los grandes tesoros que hay en tu interior.

A los niños, infúndeles confianza y afecto, te pido que lo hables y lo demuestres. A los jóvenes, infúndeles amor, respeto y confianza. A un adulto, bríndale tu amistad y a los ancianos pídeles consejo. Cada persona puede ofrecer lo mejor de sí misma, con un poco de tu ayuda.

1. Escríbele una carta a las personas que amas y diles todas las características admirables que encuentras en ellos.
2. Te sugiero que estudies el tema de la "resiliencia".
3. Muchas personas tienen todo para triunfar: pueden tener muchas cualidades, muchos conocimientos y el deseo de triunfar, sólo les hace falta que alguien crea en ellos. ¿Te gustaría colaborar?
4. El amor es el ingrediente que hace la diferencia entre un buen plan y una meta cumplida.
5. Lee *Los miserables*, de Victor Hugo.

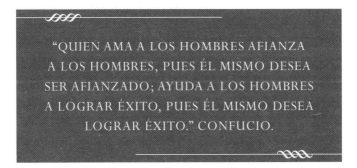

"QUIEN AMA A LOS HOMBRES AFIANZA A LOS HOMBRES, PUES ÉL MISMO DESEA SER AFIANZADO; AYUDA A LOS HOMBRES A LOGRAR ÉXITO, PUES ÉL MISMO DESEA LOGRAR ÉXITO." CONFUCIO.

32

Busca que tu familia tenga un ingreso y que tú no tengas nada que ver con eso

No es que seamos negativos, ni que tengamos una actitud fatalista, pero el futuro es incierto y debemos estar preparados. Cuenta la historia que, en tiempos de la Revolución Mexicana, había tantos cambios en el gobierno y en la economía, que la gente sólo confiaba en el valor del oro. Muchas personas guardaban su oro en las famosas ollas de barro y las enterraban. Fueron muchos los casos de hombres de aquella época que escondieron el dinero y nunca le dijeron a la esposa o a sus familiares dónde lo habían guardado. Muchos murieron a causa de las balas y nadie pudo encontrar el tesoro escondido. En los años de la Revolución era muy común que los hombres hablaran de negocios y las mujeres no intervinieran en esos temas. Cuando el esposo fallecía en un accidente, las mujeres heredaban un negocio que no conocían, nunca había trabajado fuera de sus casas y, en pocos meses, toda la fortuna se perdía. Las razones eran muchas: el abuso de la gente ante la desgracia, los malos manejos de la viuda, la desesperación del momento y una gran lista de factores.

Aprender historia ayuda a no cometer los mismos errores. ¿Qué pasaría si faltaras en este momento? Es muy importante que tu familia tenga un ingreso que sea de su entera responsabilidad. Si tu esposa tiene recursos propios, entre los dos pueden desarrollarse, es cierto, pero también puedes darle todos los consejos necesarios para que el negocio prospere y ella tenga la experiencia suficiente para vencer cualquier dificultad que pudiera presentarse. Como hombres, debemos generar que nuestra esposa y nuestros hijos alcancen plenamente su desarrollo.

Pero no sólo debemos prepararnos ante una situación difícil. También debemos contemplar un desarrollo integral. Conozco muy de cerca el caso de una mujer que siempre dependió de su marido, gozaba de todas las comodidades en su casa, de personas a su servicio y ella no tenía ninguna responsabilidad. Se podía levantar a la hora que quería, podía ir a donde deseaba porque tenía el dinero suficiente y además tenía el respaldo de su marido para que aprovechara su día lo mejor posible. Esta mujer al principio se sentía muy contenta por todo lo que le ofrecía su esposo, después se sintió un poco desatendida, con el paso de los meses, sospechó que era una persona inútil y que, si vivía o no, era irrelevante. Pasó más tiempo y esta mujer empezó a perder el gusto por la vida. Sus estados de ánimo complicaron la relación con su esposo y empezaron a vivir un infierno.

¿Cuál fue la mejor solución al problema? Esta mujer decidió trabajar y conseguir un ingreso propio. Su marido le podía ofrecer sin problema, cien veces el mismo salario, pero ella comprendió que deseaba sentirse útil, plena, alegre, darle sentido a su vida, con planes y proyectos.

Trabajar y conseguir nuestro dinero nos dignifica.

Si eres mujer y estás enfrentando una situación similar, es muy importante que platiques con tu esposo. Explícale tu deseo de desarrollarte y de emprender actividades que generen un ingreso.

Todavía en el siglo XXI, muchos hombres creen que ellos deben proveer y las mujeres deben estar en la casa. Entiendo y afirmo que ser ama de casa es un trabajo de tiempo completo, pero todos tenemos el deseo de ser mejores personas. Es importante que como pareja platiquen y encuentren una alternativa que sea benéfica para ustedes.

Quizá el machismo que padecimos en nuestro país dividió el potencial que las parejas tenían. El hombre se dedicaba al trabajo y jamás le pidió consejo a su esposa y ella fue relegada a las tareas del hogar. ¡Ahora las cosas han cambiado! Me emociona descubrir que los matrimonios actuales han sumado sus capacidades para lograr sus metas comunes.

Era muy común en la década de los ochenta que muchos niños vendieran dulces o golosinas en sus casas. Estoy seguro de que generaban un poco de dinero y que a veces no era necesario para el sustento de la familia. Pero cuando los niños aprenden el comercio desde su más tierna infancia, sin duda tendrán muchas puertas abiertas cuando crezcan. Este principio, que mucha familias mexicanas practicaron, ahora es tema de muchos libros donde un padre le enseña a su hijo cómo puede ser rico.

Es importante que les enseñes a tus hijos alguna manera de ganar dinero, no porque lo necesites, sino porque es parte de la experiencia de la vida. Los niños deben tener responsabilidades de acuerdo con su edad. Sabemos que si tienen un pequeño negocio y se equivocan en dar el cambio, no pasará nada en el nivel de vida de la familia, pero los niños pueden aprender el valor del dinero.

Tengo un amigo que es un restaurantero muy exitoso, y un padre ejemplar. Desde que sus hijos estaban pequeños, les entregaba una cantidad de dinero y les mostraba cómo podían hacerlo crecer, no lo hacía desde lejos, sino que compartía con ellos el proceso. En una ocasión, sus hijos deseaban irse de vacaciones, por lo que emprendieron un negocio y vendieron árboles de navidad. Causó mucho asombro cuando la gente que lo conocía vio cómo cargaba los árboles y cómo trabajaba sin la ayuda de un empleado, aunque podría contratar a quien le ayudará. Hizo este ejercicio con el firme propósito de darles a sus hijos la lección de agradecer el dinero que ganaron con su propio esfuerzo. Una de sus hijas quería estudiar en Europa. Su papá podía pagarle la carrera sin problemas, pero la motivó a que ella misma pagara sus estudios trabajando. Así que él le enseñó el oficio de mesero. Los empleados de su negocio se sorprendían cuando veían que su jefe atendía las mesas, llevaba los platos y servía a los clientes. Aunque tenía años de no hacerlo, recordaba cómo ser un excelente mesero. Su hija aprendió del mejor mesero del mundo. No sólo le demostró que cualquier trabajo es digno si se hace con amor, sino que también le demostró con el ejemplo cómo se gana una excelente propina y cómo dejar satisfecho a un cliente. Su hija estudió en Alemania. Ahora es una mujer trabajadora, puede desempeñar sin miedo cualquier trabajo, se siente muy orgullosa de que pudo pagar sus estudios pero, sobre todo, está muy agradecida con su padre pues él le enseñó a trabajar "con la camisa arremangada."

1. El mejor regalo que podemos dar a nuestra familia es su propia independencia económica.
2. Enseña con el ejemplo, no des lecciones a larga distancia.
3. La mejor lección de la vida no se da en las escuelas, sino cuando un padre está al lado de sus hijos.
4. Si en verdad el trabajo dignifica, has que tus hijos sean dignos con tu ejemplo de trabajo.
5. El desarrollo personal de tu familia será una de tus más grandes satisfacciones.

"SI AMO A LA OTRA PERSONA, ME SIENTO UNO CON ELLA, PERO CON ELLA TAL CUAL ES, NO COMO YO NECESITO QUE SEA, COMO UN OBJETO PARA MI USO. ES OBVIO QUE EL RESPETO SÓLO ES POSIBLE SI YO HE ALCANZADO INDEPENDENCIA; SI PUEDO CAMINAR SIN MULETAS, SIN TENER QUE DOMINAR NI EXPLOTAR A NADIE."
ERICH FROMM.

33

Lucha por una causa justa

LOS MEDIOS DE COMUNICACIÓN nos bombardean todos los días con una gran cantidad de noticias buenas y malas. Escuchamos que el cambio climático está modificando el planeta; sabemos que muchas especies están en peligro de extinción y cada día esta lista es más grande. Nos enteramos con tristeza de la contaminación en ríos y lagos, sabemos que hay algunas instituciones que ofrecen ayuda gratuita a niños con cáncer, a las personas de la tercera edad y así podemos continuar con una gran lista de sucesos y noticias.

Cuando estamos escuchando la información, nos sorprendemos, incluso expresamos nuestra preocupación. Unos segundos después, pasan otra noticia y se nos olvidó el tema que tanto "nos había preocupado".

En la vida es fundamental que tomemos partido. No se trata de ser justicieros sociales, ni de dejar nuestro trabajo e iniciar una vida en un país lejano. Mi propuesta es ofrecer un poco de nuestro tiempo a alguna causa que te interese y que puedas hacer en tu propia ciudad. Si buscas en internet, te sorprenderás de las acciones que la sociedad civil está emprendiendo en todas las ciudades. Un poco de tu tiempo puede beneficiar a tu localidad, no se requiere mucho dinero, tampoco mucho tiempo, pero sí se necesita compromiso y manos dispuestas.

Cuando damos un poco de nuestro tiempo para mejorar el mundo, nos hacemos más sensibles a las necesidades de nuestro entorno, de nuestra familia y de nosotros mismos. Te pido que no emprendas estas acciones con la finalidad de demostrar que eres bueno, ni busques los reflectores. Este ejercicio te ayudará a ser mejor persona y a descubrir la gran capacidad que tienes para dar. Involucrarte en una causa civil es un gran privilegio, porque conocerás personas muy comprometidas, tendrás amigos que compartan una visión del mundo y que, además, se esfuerzan en lograrlo. Ser generoso te brindará un sentido de existencia más profundo y, al mismo tiempo, verás tus problemas personales mucho más ligeros.

Muchas instituciones están dispuestas a recibir donativos, si puedes hacerlo, intenta ser generoso. Pero es fundamental que inviertas un poco de tu tiempo para ayudar. Puedes involucrar a tu familia, éste será un tiempo de calidad donde podrán convivir, divertirse y hacer un cambio importante. Estas experiencias crearán una conciencia en tus hijos que los guiará toda su vida. Los niños deben aprender desde su más tierna infancia que hay necesidades en el mundo, pero no están allí para que sólo sepamos que existen, sino para que entre todos podamos suplirlas.

Para que puedas elegir a cuál organización ayudar, sería muy importante que recuerdes algún tema que te haya impactado. Puedes pensar en alguna asociación que ya conozcas. Para iniciar, puedes colaborar con una asociación ya establecida, pero si no encuentras ninguna que te interese, tal vez sea bueno empezar un proyecto personal. Sólo necesitas un verdadero interés en una causa.

Todos soñamos con cambiar el mundo, nos gustaría que fuera más interesante, menos injusto, pero pocas veces lo tomamos en serio. Supongamos que no encontraste ninguna asociación que te interesara y tampoco tienes tiempo para empezar una propia. ¡Puedes hacer mucho todavía! Estoy seguro de que tienes experiencia en un tema, compártelo con las personas que apenas empiecen su carrera profesional. Si eres un abogado, puedes enseñarle a los estudiantes que hacen servicio social en el despacho donde trabajas. Si eres doctora, muéstrale a los pasantes lo que has aprendido.

Conozco a un oncólogo que es un gran hombre de ciencia. Sus logros personales lo llevaron a trabajar en grandes hospitales de la Ciudad de México. Cuando un pasante llegaba, el médico le decía: "¿Me podrías indicar qué sucede?" El pasante contestaba algo como esto: "Es un niño de siete años, pesa veinte kilos, ingresó hace tres días, sus estudios presentan estas anomalías…" Todos los datos que ofrecía el pasante eran estadísticos y científicos. El médico le decía: "¿Y cómo se llama el niño?" El pasante de medicina abría los ojos sorprendido. ¡No sabía el nombre! Entonces el doctor le decía, "No estás listo todavía, prepárate más."

Al siguiente día, la presentación era así: "Él es Pedrito, es un niño de siete años…" Y el pasante con una sonrisa esperaba la aprobación del médico. El doctor sonreía un poco también y le preguntaba: "¿Cómo se apellida?" Y el proceso iniciaba.

Al día siguiente, el pasante ya conocía el apellido, después el nombre de los papás, el equipo de futbol que Pedrito prefería, el nombre de sus mejores amigos, la ciudad de origen…Mientras todo esto sucedía, el doctor atendía al niño, pero para él, no era un caso clínico, desde el primer día el médico se había hecho amigo de Pedrito. El pasante había olvidado algo muy importante: no son pacientes, no son "los enfermos de la cama 811", sino personas con historias dolorosas que deseaban ser sanos y felices.

Involúcrate en una causa en donde, al menos, puedas conseguir aligerarle la carga a alguien. Muchos famosos buscan el anonimato. Prefieren ayudar sin que nadie se entere, porque han decidido que lo que ofrecen sea con un corazón sincero. Entiendo que hay personas que buscan la discreción, pero también comprendo cuando un famoso lo publica abiertamente. En el caso de las fundaciones de los grandes hombres de negocios del mundo, muchas personas los critican porque hacen pública la cantidad que dieron, incluso dónde lo dieron, pero debemos comprender que ellos utilizan su nombre para abrir algunas puertas que, de otra manera, sería muy complicado abrir.

En el programa de radio, algunos invitados han platicado que, debido a una tragedia personal, su vida tomó un rumbo muy diferente. Cuando ellos tuvieron un accidente o les detectaron alguna enfermedad, comprendieron la soledad y lo difícil que es pasar tantas horas en el hospital. Menciono el caso de Enrique Guajardo (*Kikes the Mullet*) que además de buscar plaquetas, medicinas, juguetes y todo lo que un niño o un adulto con cáncer puede necesitar, casi todos los domingos va con sus amigos a visitar a los niños hospitalizados. Muchos jugadores de futbol profesional acompañan a Kike a estar algunos minutos con cada niño que está hospitalizado. Estoy seguro de que las familias les agradecen la ayuda material que reciben, pero también es muy valioso para ellos el pasar un domingo acompañados.

Creo que Kike y muchas personas le dieron un enfoque muy diferente a su sufrimiento. En vez de lamentarse, decidieron hacer algo para servir a los demás. Una invitada al programa comentó que cuando ella vivió una tragedia, por supuesto, sufrió mucho, pero que ese evento la ayudó a reaccionar y a darse cuenta de que debía aprovechar su vida de la mejor manera. Me sorprendió escuchar que agradecía su accidente, porque a partir de ese momento lo mejor de su vida había empezado. No debemos esperar a que una persona cercana padezca una enfermedad o sufra un problema, lo mejor que podemos hacer es ser generosos y dar siempre.

Cuando convives con una persona que ha visto a la muerte de frente, encontrarás a un ser humano sensible, humilde, enfocado y te aseguro que cambiará tu vida. Involúcrate con alguien que pueda tocar tu alma. Tú serás el más beneficiado.

1. Agustín de Hipona dijo: "Ama, después haz lo que quieras."
2. Si das todo el amor que hay en tu interior, no te sentirás vacío, te darás cuenta de que aún estás inmerso en un amor más grande.
3. El mundo tiene necesidades para ser suplidas, no para que las veamos a la distancia y tan sólo digamos: "¡Qué triste!"
4. Prepara a tus hijos para ser agentes de cambio, el mundo siempre tendrá necesidades, pero el corazón de tus hijos debe ser transformado ayudando.
5. La vida que se centra es sí misma, es una vida sin sentido. Las personas que comparten lo que tienen siempre sabrán para qué están vivos.

"HEMOS GUIADO A LOS MISILES
Y DESVIADO A LOS HOMBRES."
MARTIN LUTHER KING.

34

Enamórate

QUISIERA QUE IMAGINARAS por un minuto que tomas todas tus monedas y las apuestas en un juego del que no conoces las reglas, en donde llevas todas las de perder, y le apuestas a favor de alguien que no conoces, sólo por el gusto de confiar. Ahora hagamos el experimento más interesante. En vez de dinero, apuesta tu corazón, tus sentimientos, ofrécelos a esa persona desconocida e inicia un viaje que podría tomarte un día, un año o el resto de tus días.

Más o menos así podríamos decir que es el amor. Pero el amor no sólo es a alguien, también puede ser hacia algo, y le llamaríamos "pasión". Pero ése es otro tema. Quiero escribir del amor, del amor sano, del amor bonito, de ese amor que no es la búsqueda de tus carencias en otros ojos, sino el ofrecimiento de tus logros, de tus esfuerzos a otra alma. El amor, el amor bonito, ése que se da sin que te pidan, el amor que después de una mirada podría decirse que deja de ser una apuesta o un juego de azar. Es cuando dos desconocidos se conocen con un toque, con una mirada a la distancia o "porque sí". De ese amor, en donde no eres "una naranja a la mitad", sino una naranja completa que se comparte con otra naranja completa.

En estos tiempos de desconfianza y miedo, podría parecer que el amor está en huelga. Sin embargo, es ahora una gran esperanza. El amor, pero no hablemos de ese amor chiquito, sino del amor que entrega todo, cuando la fidelidad, la confianza, la fuerza van implícitas, cuando el deso de compartir y proteger se fundan sin afán de posesión, sin envidias; hablo de ese amor entregado, apasionado, de ese amor, que alguien dirá: "Esas historias las vivieron mis abuelos", pues a ese amor me refiero. De cuando no se finge ser romántico, sino que se es romántico. De ese amor que da aroma a la distancia, de esas miradas discretas, disimuladas, que sólo dos comprenden, pero que el corazón las toca.

El amor, pero cuando eres tú y soy yo, y no somos un "nosotros", ese amor nos hace falta. Podría describir muchas cosas de este tipo de amor. ¿Pero, por qué no jugártela con tu esposo o con tu esposa? ¿Por qué no reconquistar el amor que ya tienes? ¿Por qué no apostar las reglas de un juego que ya conoces? Nos hace falta mucho de ese amor, cuando te das a ti mismo una nueva oportunidad y sales ganando. ¿Por qué no hacerlo? ¿Por qué no juntar de nuevo tus monedas y apostar a un jugador que te demostró que cuando era un desconocido, merecía toda tu confianza?

¿Qué tal si le llamas ahorita y le agradeces? ¿Qué tal si mejor cierras tu libro y vas a buscar ese amor bonito? Hasta podrías cantarle la canción de Iskander, "Bésame bonito... porque tengo ganas, no tengo motivos, no preguntes nada..."

El amor después del amor... ¿por qué no escribir una historia de amor y que hoy mismo sea el inicio del capítulo dos? ¿Por qué no retomas esa historia de amor y sin nuevos personajes escribes un capítulo nuevo, fresco y más interesante?

No se necesita mucho esfuerzo, compra una botella de vino, alguna pasta o fresas y chocolates. ¡Róbate a tu esposa y vayan a un pueblito cercano! La monotonía es tan cansada, tan aburrida, tan absurda. ¿Por qué no inventar unas vacaciones sin hijos? Caminar por la playa, recorrer las calles de una ciudad cercana, ver el ocaso, besarla al amanecer o tomarse de la mano y saludar.

¿Recuerdas cuando querías estar con ella todo el día y tus suegros no te dejaban? Pues ahora ya no hay ese problema, pueden platicar toda la noche, besarse toda una semana si lo desean, sólo es cuestión de agregarle aventura a todo lo que hacen.

Te pido que no veas a tu pareja como a una persona a quien conquistaste, porque si así lo crees, podrías confundirte y suponer que estará a tu lado, aunque siempre tengas tu mala cara o a pesar de los malos tratos. Aunque estén firmados mil papeles, tu pareja está junto a ti porque así lo quiere hoy, ésa es la ley del amor.

No seas aburrido ni aburrida. No lo recibas y le platiques los mismos problemas de la casa, ni de lo que te contestó la vecina, mucho menos de chiles y tomates. ¡Hablen de ustedes, de los sueños que están realizando, de lo que desean! Muchas mujeres se encierran en el mundo de sus hijos o quizá desean ser el centro de la atención de su esposo y olvidan que él tiene compromisos, sueños y planes personales.

Tristemente, muchos matrimonios ya no tienen temas de conversación, se enfocan al trabajo, a los hijos, a las tareas diarias y, al llegar la noche, son tan sólo dos personas con una vida en común. Esto sucede porque cuando eran novios, cada uno tenía actividades o trabajos separados, así que al anochecer, se platicaban todo lo que les había pasado, había sorpresas, muchas ilusiones y esperanzas. Es muy común encontrar en México a mujeres que en cuanto se casaron descuidaron su imagen física, al llegar el primer bebé dejaron su trabajo y se dedicaron a atenderlo. Esto, en esencia, no es malo, el problema es que se olvidaron de sí mismas y jamás leyeron un libro más, olvidaron su vida social y dejaron para después todos sus proyectos: se convirtieron en la sombra de su esposo. El marido, en cambio, sale a la calle a trabajar todos los días, tiene problemas en el trabajo, conoce a personas, convive con clientes y proveedores y sus temas de conversación son muchos. Cada uno de los esposos tomó caminos separados ¿Dónde se pueden encontrar? Pasarán los años y estarán distanciados, porque cada uno tomó un ritmo de vida diferente. Los unió el amor y los separó la vida.

Tal vez puedan asistir a cursos de matrimonios, allí les dirán que la comunicación es muy importante. Pero, ¿qué se pueden comunicar? Ya no tienen nada en común, quizá los hijos, la misma dirección y algunas pertenencias. ¡Esto se debe evitar desde el principio! Que su trabajo y los hijos no los separen, busquen proyectos juntos. Los niños son una bendición, no deben ser la separación de la pareja. Como esposos, debemos involucrarnos en la educación de nuestros hijos, cambiarle los pañales, prepararles las papillas y contarles cuentos. Las esposas pueden ir al banco a aclarar algún detalle en el estado de cuenta, iniciar un negocio con la ayuda de su marido. Son muchas las soluciones disponibles cuando intentamos prevenir una separación a la distancia, siempre será mejor prevenir que lamentar.

¿Cuánto esfuerzo te podría tomar el planear un día de campo? ¿Cuánto cuesta ir al cine juntos? ¿Qué tan difícil es platicar lo que te pasó y dar una opinión? ¿Crees que como esposa podrías leer algún libro de finanzas, de comercio o de la profesión de tu marido? ¿Crees que podrías hacer equipo con él e investigar un tema importante de su trabajo que él no ha podido resolver?

Debemos esforzarnos para que nuestra esposa anhele vernos, también creo que las esposas deben hacer todo lo posible para que su marido corra en cuanto termine el trabajo y no busque más trabajo, o más ocupaciones en la oficina, con tal de no llegar a una casa triste, solitaria o en la que lo esperen problemas que se pudieron resolver mientras él no estaba.

¿Crees que podrías intentar enamorar una vez más a tu pareja? Porque la más hermosa historia de amor puede iniciar, incluso, frente a una tienda.

Hoy es un buen día... ¡Sorpréndete!

1. Debemos evitar la necesidad de reparar el amor. Es mejor ayudarlo a que siempre crezca.
2. Todas las historias de amor tienen un capítulo uno, que generalmente empieza por accidente o después de un

encuentro no planeado. Este capítulo tiene algunas aventuras y es interesante, muchas veces puede ser un capítulo largo. Pero el segundo capítulo, de una historia de amor es muy interesante, inicia después de un problema serio, o de un alejamiento entre los esposos. Este capítulo no inicia con un encuentro no planeado, sino cuando dos corazones se extrañan y deciden reencontrarse.

3. Cuando nos juramos amor eterno, todas las parejas deseamos pasar el resto de nuestras vidas juntos. Éste es el secreto, compartir nuestras vidas, no compartir tiempo vacío. Comparte tu vida... *la vida.*

4. Si cuando están solos hay amplios silencios, es porque no tienen nada qué decirse.

5. La más hermosa historia de amor puede iniciar frente a una tienda, o empezar ahora mismo, cuando cierras este libro y le llamas a tu esposa o a tu esposo y le dices: "Estoy leyendo un libro, me gustaría decirte que te amo y que mi corazón te extraña..."

"TE AMO PARA AMARTE Y NO PARA SER AMADO, PUESTO QUE NADA ME PLACE TANTO COMO VERTE A TI FELIZ."
GEORGE SAND.

35

Reconcíliate

L ES PLATICARÉ LA HISTORIA DE LUIS. Él nació en una familia
de clase media muy trabajadora, su padre es un hombre
muy inteligente y muy próspero. Luis iba todos los días a la
escuela y era muy estudioso, su padre le enseñó las tablas de mul-
tiplicar, a dividir y a hacer cuentas. Luis se dedicaba a la escuela
y, de vez en cuando, se iba con su padre a la oficina. Los años
pasaron y Luis llegó a la secundaria. En ese momento sus obligaciones cambiaron. Todos los días, después de la escuela debía ir
al trabajo de su papá y estar en su oficina para lo que se ofreciera,
no era mucho lo que tenía que hacer, su obligación principal era
hacer la tarea y las obligaciones de la escuela. Luis sabía que con el
paso de los años seguiría trabajando con su padre, era el camino
esperado. Su padre le dio un coche, le daba dinero para sus gastos,
pagaba lo colegiatura, era cuestión de tiempo para que se inte-
grara de lleno al negocio de su papá cuando llegara el momento,
eso había sucedido en toda la familia, era "natural" que así se dieran las cosas.

Pero el momento no llegó, en su graduación de la universidad,
su padre lo llamó a la oficina y le dijo: "Quiero decirte que estoy
muy contento de que hayas terminado la universidad, te deseo

muchos éxitos. También quiero decirte que hasta este día tuviste papá y apoyo económico."

Luis se desmoronó. Se suponía que ya estaba preparado para hacer un equipo con su padre, no se trataba de heredar, sino de trabajar a su lado, desarrollar sus ideas y que el negocio familiar creciera… ¡Era el camino de la tradición! Luis estaba defraudado, desesperado, su vida perdió todo el sentido y el rumbo. ¿Qué se suponía que debía hacer? El único camino que tenía estructurado en su mente, se había cerrado.

Lo mismo puede suceder con una persona que desde niño soñó con ser médico y no pudo ingresar a la facultad de medicina; otro ejemplo sería el de alguien que esperaba reunirse con su familia cuando le entregaran una visa que nunca recibió, ejemplos hay muchos.

Un hombre llamado Publio Terencio afirmó: "Nada humano me es ajeno." Incluso la decepción es un proceso de la vida. Las personas no reaccionarán como esperábamos, ni dirán lo que queremos escuchar, así es la vida. ¿Qué podemos hacer? Esta experiencia de la vida, estoy seguro, llegó a ti y si no, de seguro llegará, no es que te desee que tengas una mala experiencia, pero las desilusiones son normales en la vida diaria.

Pero es una gran ventaja "desilusionarnos". Las ilusiones no son reales, son espejismos que aparecen en el horizonte y creemos que existen. En el desierto, los viajeros ven agua a la distancia y muchos murieron persiguiendo espejismos. Si una persona en el desierto se da cuenta de que, a lo lejos, lo que cree ver es tan sólo una ilusión óptica, le salvará la vida y le ahorrará tiempo.

Los castillos en las nubes son muy caros, se llevan nuestros sueños, la fuerza, la esperanza y nos dejan frustración, dolor, un sentimiento de pérdida y una pérdida del sentido de la vida.

¿Qué podemos hacer?

1. Confía en ti mismo y en tus acciones. No podemos controlar las acciones de otras personas, siempre habrá factores

ajenos a nuestra voluntad. Pero esto no significa que debas ser desconfiado.

2. Busca distintas alternativas de acción, nunca te cierres a un solo rumbo.
3. Acepta la pérdida.
4. Reconcíliate con la vida.
5. Siempre debes tener tus propios sueños.

Hay millones de oportunidades a tu alcance, es probable que no las veas a simple vista pero siempre te quedan muchas opciones. Tal vez te sentirás frustrado, dolido, pero te aseguro que la vida sigue. Incluso después de una decepción amorosa, después de una separación o una muerte, de un cambio de trabajo o de lo que te haya sucedido. La vida es así y como venga debemos disfrutarla o enfrentarla.

No caigas en la tentación de dar tiempo "para que las cosas sean como te hubiera gustado." Eso jamás sucederá, entre más rápido lo comprendas, tu sufrimiento será más corto.

Cuando detenemos nuestra vida para esperar a que regrese el rumbo que tanto habíamos planeado, sólo perderemos tiempo y el corazón padecerá un tomento mucho más largo. La vida cambia, por fortuna cambia; si todo fuera estático, no podríamos conocer la verdadera vida.

Pero la historia de Luis no terminó en frustración. Es cierto, después vinieron momentos de mucha tristeza y soledad; aunque su vida había llegado a un vacío, descubrió que el vacío estaba en su corazón. Quizá sería muy sencillo continuar con los negocios de su padre; pudo hacer más grande su patrimonio, pero la vida no nos trajo aquí a enriquecer el trabajo de alguien más.

La vida nos permitió nacer, porque quiere que vivamos. Creo que nadie es la extensión de sus padres, mucho menos estamos aquí para que sus sueños se sigan realizando. Estamos aquí porque tenemos un propósito y un significado, no estamos aquí sólo para que la cuenta de banco sea más grande.

Después de algunos años, Luis descubrió que en su interior también había planes y deseos, quizá eso fue lo que más tiempo le tomó entender. Un día despertó y se dio cuenta de que tenía mucho tiempo por delante y que ese tiempo debería invertirlo. Ese chispazo de inteligencia, que él llamó "tiempo por delante", en realidad era un llamado que le decía: "Tienes vida, aprovéchala."

¿Cuántos años nos quedan por vivir? Nadie lo sabe, pero es cierto que no podemos dejar que el tiempo corra, como si fuera una llave que desperdicia el agua. ¡Qué aburrido sería estar sentados esperando la muerte! Porque aunque eso fuera en lo único que nos enfocáramos, tenemos que hacer algo para que el tiempo que falta sea al menos divertido.

La pregunta no debe ser qué esperamos de la vida y cómo la misma vida nos lo debe proporcionar, la pregunta es: "¿Qué espera la vida de mí y cómo se lo puedo proporcionar?" Es la vida o Dios, o como quieras llamarlo, quien te ha proporcionado el tiempo y los dones necesarios para que cumplas lo que espera de ti. ¿Y cómo podríamos averiguar qué es lo que la vida espera de nosotros? Muchas religiones pretenden contestar esta pregunta, algunas filosofías también lo han intentado, yo soy un poco más simple, creo que la vida espera que cumplamos lo que soñamos. La vida es generosa, siempre da vida. Así que hay posibilidad de darle vida a nuestros sueños, a nuestros amores y a nuestras esperanzas. La vida ofrece vida.

Nos han enseñado que si salimos a pelear por nuestros sueños, siempre habrá problemas que nos detengan, y es probable que no salga todo como esperábamos. Mi opinión es que si salimos a pelear por nuestros sueños, hasta los problemas nos impulsarán a conseguir lo que tanto deseamos. Mientras eso sucede, aprende todo lo que puedas, nunca sabes cómo te servirá lo que has aprendido. Aprende repostería, aprende a cambiar una llanta, conoce el acomodo de la tabla periódica, si puedes aprende otro idioma. Todo lo que puedas conocer te ayudará en el futuro. Mientras le encuentras forma al rompecabezas, pon todas las piezas a tu alcance.

La historia de Luis no ha terminado. Había olvidado que para su padre no eran importantes los talentos que tenía y quería desarrollar. Luis olvidó sus sueños porque los había comparado con los sueños de su padre y le parecieron absurdos o ridículos. Cuando Luis se sintió solo, se empeñó en tratar de agradar a su papá, esperando que algún día estuviera orgulloso de él, creo que no era un mal plan. Pero la vida o Dios, no pretenden que sólo arreglemos problemas interpersonales, así que todo se fue desarrollando para que Luis recordara sus sueños, sus pasiones, y empezara su propia vida. Ahora Luis vive, le ha dado sentido a sus sueños; descubrió que no eran absurdos, porque cualquier sueño puede cambiar el mundo, no sabe si lo logrará, pero por lo menos no descansará hasta haber cambiado su propio mundo.

1. Si todo fuera como lo esperas, tu vida no tendrá sentido.
2. Cuando la situación no es como te hubiera gustado, es porque necesitas aprender algo.
3. Todo lo que puedas aprender te servirá para crecer como persona y servir a los demás.
4. La vida está dispuesta a darle vida a tus sueños. ¿Estás dispuesto tú?
5. No hay sueños pequeños, sólo mentes pequeñas que juzgan ideas ajenas.

"LA VIDA ES AQUELLO QUE TE SUCEDE MIENTRAS TÚ TE EMPEÑAS EN HACER OTROS PLANES." JOHN LENNON.

36

Ser, tener o aparentar

N O INTENTO CRITICAR A NADIE, pero la moda y los estándares de belleza actuales nos han llevado a considerar que
lo "único" de verdad importante es la estética. Muchas
personas gastan millones de dólares en mostrar, o al menos intentar mostrar, un cuerpo perfecto, saludable y de acuerdo con lo que
ahora llamamos "bello".

Cuando vemos un programa de televisión, sabemos que las
locaciones no son reales, son espacios improvisados, que muestran una supuesta habitación en donde se desarrolla la historia.
Todo es aparente. Las apariencias son usadas por las personas más
sencillas, las que tienen los recursos más limitados y tampoco tienen deseos de superarse. Se escucha muy fuerte la frase anterior,
pero es así. Muchas personas desean aparentar que tienen dinero,
que son trabajadoras, que tienen dones y talentos; incluso buscan
oportunidades basándose en la posibilidad de hacer creer a los demás que están calificados para realizar un proyecto o un trabajo.
He conocido a personas que eligen trabajar en una determinada
empresa, sólo porque los demás creerán que son más exitosos.
Como supuestamente no es lo mismo vender comida, que ser ofi-
cinista, aunque muchas veces las personas que tienen un pequeño

negocio son más prósperos, muchas personas buscan trabajar en una empresa importante, de preferencia, que les den el escritorio más vistoso o la oficina más amplia. Pocos se preocupan en el trabajo en sí mismo, lo relevante para ellos es aparentar que tienen un trabajo muy importante.

Te puedo ofrecer toda una serie de explicaciones para demostrar que las personas que sólo buscan satisfacer las apariencias tienen carencias psicológicas, afectivas y de aceptación. Pero este capítulo no pretende dar un permiso para dejar de esforzarnos en cambiar. ¡Es una tristeza vivir por las apariencias! ¿Pensamos que si las personas que nos rodean creen que somos exitosos, entonces somos exitosos? No debemos buscar que la gente diga lo que somos y lo que no somos. ¡Es absurdo! Los grandes artistas no son grandes en los reflectores, frente a los aplausos. Los grandes artistas lo son porque tienen miles de horas ensayando, preparándose, estudiando, buscando mejorar siempre. Lo que vemos en los espectáculos es el resultado de horas de esfuerzo y dedicación. Como ustedes saben, desde niño crecí en el medio artístico, muchas personas creen que es muy sencillo y hermoso llegar, cantar y recibir los aplausos de la gente. ¡Pero no es así de simple! Trabajamos mucho.

Algunas personas piensan que un actor gana más porque tiene más minutos en un programa. Pero un actor gana más, porque busca más trabajo, estamos cazando oportunidades en teatro, cine, televisión, en eventos privados. ¡Nada llega fácil! Pasamos horas repitiendo escenas, memorizando diálogos, entre muchas otras cosas. Ser actor es como cualquier otro trabajo. Siempre hay alguien que sabe más que tú, que tiene más relaciones, más estudios, más tiempo en el medio. Muchos creen que la fama llegará sola. El trabajo de los grandes actores no es el que se demuestra frente al público, sino en los ensayos. Llegan a tiempo, son cordiales, estudiaron sus diálogos, prepararon al personaje. ¡Los grandes no aparentan!

También podemos ir por la vida "teniendo". Hay personas que aparentan ser ricos y hay quienes tienen dinero. Tener no es malo, es parte del camino. Todos queremos tener una casa, una familia feliz, las vacaciones más hermosas y más costosas. ¡Tener es muy agradable! Podemos tener el mejor trabajo y desempeñarlo muy bien. El sueño de muchos padres es que sus hijos tengan una educación, que tengan su futuro asegurado y que tengan muchas oportunidades. Pero tener no es suficiente.

Las propiedades, incluso una casa, no son definitivas. Supongamos que vives en la mejor zona de tu ciudad, tu casa está rodeada de los mejores centros comerciales y tiene acceso a las grandes avenidas. Las escrituras tienen tu nombre, tienes las llaves, incluso has vivido allí por años. Pueden pasar muchas cosas: un derrumbe, inundaciones, cambios en la planeación de la ciudad, etcétera. La casa seguirá siendo tuya, pero las circunstancias pueden cambiar. Puedes tener también un buen negocio, muy próspero, pero es probable que haya nuevos competidores, nuevas oportunidades o que el mercado cambie y aunque tengas el negocio a tu nombre, haya factores que afecten tus intereses.

Lo mejor que puedes lograr en la vida es: **ser**. No se trata de aparentar que tienes dinero, ni de tener riqueza, se trata de ser rico. No se trata de aparentar estar sanos, ni de tener salud, sino de ser una persona sana. Cuando eres algo, lo que tú quieras, no hay nada que te lo pueda quitar, aunque las circunstancias cambien, en tu interior todo sigue igual.

Hay personas que podrían perderlo todo en este momento, pero son ricos. Ellos pueden desarrollar oportunidades que les permitirán, en cierto tiempo y con mucho trabajo, conseguir un capital similar al que tenían.

Hay personas que aparentan tener un matrimonio feliz. Cuando los visitan sus amigos, la casa está llena de fotos con las sonrisas más amplias y más hermosas. Pero sólo la pareja sabe la realidad. Pueden tener una vida juntos, pueden tener el deseo de seguir juntos. Pero eso no los hace ser un matrimonio. Y el matrimonio no se aparenta, ni se tiene, se debe trabajar para ser un matrimonio sólido. Si tú y tu esposa o esposo son un matrimonio feliz, pueden tener problemas, enfermedades, riqueza, pobreza, pero siguen siendo los mismos.

Sé muy honesto y escribe en una libreta una lista con un título que diga: "Aparento." En otra hoja haz una lista que diga: "Tengo." Y al final otra que diga: "Soy." Trabaja mucho en que tus apariencias se conviertan en una realidad y seas lo que te gusta aparentar. Busca también fortalecer lo que "tienes" para que sea una parte de tu existencia. No es magia, no es sencillo, por supuesto, se necesita trabajo, pero lo puedes lograr.

En el teatro, es muy común encontrar a actores que parecen ser muy buenos porque aparentemente su currículo es muy amplio, pero las apariencias se esfuman en el primer ensayo. En las empresas, muchas personas pueden pedir empleo y dar la impresión de que son la mejor opción. Para bien y para mal, las apariencias tan sólo duran un instante, la primera impresión. Las apariencias engañan, porque siempre quieren mentir. En mi experiencia, he aprendido a identificar a los buenos actores y no me baso en las recomendaciones de los demás, ni en la extensa lista de presentaciones. Todo se fundamenta en la puntualidad, en llevar listo el material que ensayaremos ese día y en la ausencia de pretextos. Un buen actor siempre *hará*, jamás dará explicaciones de *por qué no lo hizo*.

Un síntoma de cuando una persona se boicotea a sí misma, es decir, cuando ella sola impide el desarrollo que tanto dice buscar, es cuando basa su vida en apariencias. Puede presentar un currículo extenso, pero con proyectos de otros, la verdad siempre saldrá a la luz. A mí me molesta mucho que una persona diga que estudió en una universidad cuando no estudió o lo hizo en otra. ¡Debes sentirte orgulloso de todo lo que has hecho!

Cuando decimos que sabemos hacer muchas cosas y en realidad no es así, nosotros mismos nos imponemos el rechazo de los demás. ¿No sería mejor la sinceridad y decir que no sabes cómo se hace, pero deseas aprender? Hace poco contraté a una contadora que se graduó hace diez años, me dijo que nunca había ejercido porque se casó y su marido no la dejó trabajar. Ahora que su situación ha cambiado, desea ejercer su profesión, pero reconoce que no está actualizada y desea aprender lo más pronto posible. ¡Eso fue suficiente para que la contratara! Las empresas a veces no buscan a la persona más capacitada, prefieren la sinceridad y la honradez. Cuando decimos que somos los mejores, se espera que el trabajo sea como si lo hubiera hecho el mejor.

En todas las ciudades es muy triste encontrarse en un restaurante a personas gritonas, que creen que por tener el dinero suficiente para pagar la cuenta, pueden insultar a los demás e incluso pretender recibir un trato preferencial. Poseer propiedades no te hace un ser superior, tan sólo eres, en todo caso, una persona rica en cosas materiales. ¿Y con qué cantidad podrías tener el derecho de humillar a alguien?

Es triste ver que muchos jovencitos cuyos papás han hecho cierta fortuna creen que pueden mirar a los demás hacia abajo. En cambio, es un placer descubrir que la verdadera gente rica siempre atiende a los demás, les ofrece el mejor trato y siempre tienen una sonrisa, piden las cosas por favor y dan las gracias.

Siempre preferiré tener amigos que no tengan miedo de ser quienes son.

1. ¿Ser, tener o aparentar? El que es, no pretende que los demás lo aprueben. El que tiene, siempre intentará buscar la aprobación de los demás, el que aparenta, siempre buscará agradar a los demás.
2. Nunca tengas miedo de ser quien eres.
3. Duda de todo lo que tienes, no es definitivo.

4. Si aparentas tienes el camino más difícil, porque deberás buscar pretextos para que las personas sigan creyendo que eres como dijiste. Las apariencias tienen una vida muy corta.

5. Las personas que triunfan en la vida, no tienen, ni pretenden, simplemente, *son*.

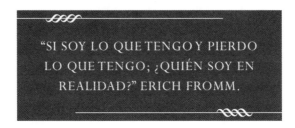

"SI SOY LO QUE TENGO Y PIERDO LO QUE TENGO; ¿QUIÉN SOY EN REALIDAD?" ERICH FROMM.

37

Ten una mascota

EL CAMINO MÁS SENCILLO para descubrir el corazón de una persona es observando cómo trata a los animales. Tener una mascota es un compromiso con la vida misma del animalito y con la nuestra. Todas las mascotas dependen de su amo. Recuerdo que un amigo siempre quiso tener un perro, su papá nunca se lo permitió, pero mi amigo en verdad deseaba una mascota. Pasaron los años y un día le preguntó a su papá por qué nunca le permitió tener un perrito. Su padre, un hombre en apariencia duro, con sentimientos muy rígidos le dijo: "Cuando era niño, tuve un perro, lo cuidaba mucho, era mi amigo, mi compañero de juegos y convivíamos todos los días. Un día mi perro se enfermó, a los pocos días murió. Sentí mucho su muerte, le lloré muchos días y lo extrañé por muchos meses. Ésta es la razón, siempre quise evitarte ese dolor."

Los animales tienen la capacidad de demostrar sus sentimientos de una manera muy especial, son sinceros. Nunca buscan el momento adecuado, son traviesos, nos ensucian la ropa, ensucian la casa… pero no has vivido si no tienes una mascota.

En mi casa tenemos un perrito. Muchas veces es complicado porque para salir de fin de semana, tiene que venir alguien a atenderlo, a revisar que tenga agua y comida. Pero el perrito nos da mucho a nosotros como familia. A mis hijos los ha enseñado a ser generosos, a respetar la vida. Ellos, mi esposa y yo, hemos descubierto sentimientos de ternura y afecto, que quizá no habríamos notado si Toto no estuviera con nosotros.

Cuando llegamos a la casa, ladra de alegría, corre por todos los pasillos para demostrarnos su cariño y el gusto que le da recibirnos. En algunas ocasiones nos ha avisado de algún peligro cuando ve un animal extraño o cuando siente que algo no está bien. Es cierto, no habla, pero de muchas maneras se comunica con nosotros.

Nos ha enseñado a ser más generosos. Creo que le hemos aprendido que siempre está contento y disfruta todo lo que hace. Tener una mascota te conecta con lo más sencillo de la vida. Y son las cosas simples las que más valoramos.

Sabemos que hay muchas casas o departamentos donde sería imposible tener un animalito, se requiere un lugar cómodo y amplio para que puedan correr y jugar. Es importante también buscar la mascota adecuada y evitar los animales peligrosos y todos los prohibidos por la ley.

Pero si puedes, encontrarás en los perros todo un conjunto de sentimientos y alegrías que tal vez no puedas encontrar en otra mascota. Hemos convivido con los perros por miles de años. Han estado mucho tiempo a nuestro lado se han desarrollado cientos de especies, sólo por nuestra convivencia.

Muchas veces he estado a punto de arrepentirme de tener mascotas. ¡Muchas! Pero después los observo, ladran por la casa, te acompañan en los días grises, son parte de mi hogar, de los seres que he llegado a amar. Su compañía siempre está presente. Son amigos fieles y sinceros.

Muchos estudios han demostrado que las mascotas nos ayudan a prevenir enfermedades del corazón y además nos ayudan a combatir el estrés. Aunque no debemos buscar una mascota para que llene un espacio vacío en la casa, está demostrado que ellos ayudan a reducir la soledad. Si eres soltero y todo el día estás en la calle, quizá no sea conveniente que tengas una mascota para que no te sientas solo, es preferible que busques una novia y te enamores. Porque los animalitos tienen muchas necesidades, no debemos ser egoístas y verlos tan sólo unos minutos antes de dormir. Los animalitos tienen sentimientos, así que ellos también pueden sentir la soledad y padecerla.

Cuando estés enojado, juega con tu mascota, desde que pienses en esta posibilidad, tu estado mental cambiará para bien. Los animalitos son muy generosos, disfrutan de tus juegos, aunque estés molesto, ellos se encargarán de hacerte reír y de reconciliarte con la situación en un instante.

Si tienes unos kilitos de más, ¡ten una mascota y sal a caminar con ella! Cuando recorras las calles tendrás un vínculo muy cercano con tu perro y además de hacer ejercicio y bajar de peso, podrás disfrutar de tus vecinos, de las casas cercanas a la tuya y tendrás mejor condición física.

¿Crees que no eres muy bueno en tus relaciones sociales? ¡Las mascotas pueden ayudarte! Te ayudarán a ser más empático, porque tratarás de entender lo que te quieren comunicar. Muchas veces llorarán aparentemente sin razón, si eres un buen amo, no descansarás hasta descubrir qué es lo que le pasa. Podrás mejorar tu atención hacia los demás, te hará más sensible a las necesidades ajenas y, por supuesto, sonreirás más.

Una mascota puede ayudarte a mejorar tu autoestima, pues al hacer un servicio a un ser vivo de forma desinteresada, descubrirás que tu corazón tiene muchas cualidades, como son la generosidad, la lealtad, el optimismo, descubrirás que eres compartido y que sabes amar.

Las mascotas te harán vivir momentos graciosos cuando tengas visitas, te despertarán alguna noche y descubrirás que intentan prevenirte de algo o que una llave quedó mal cerrada y estás desperdiciando agua.

1. Las mascotas son el mejor ejemplo de lealtad. Si has perdido la esperanza, compra una mascota, ellos te enseñarán otras opciones de vida.
2. Los animales domésticos han estado a nuestro lado desde hace miles de años. No te pierdas el beneficio de su compañía por prejuicios, por algo nuestros más lejanos ancestros buscaron hacer amistad con otras especies.
3. Si no puedes dedicarle todo el tiempo y tampoco puedes brindarle todas las necesidades que requiere un animalito, quizá ahora no es el tiempo de que tengas una mascota.
4. Una mascota es un amigo. ¿Estás dispuesto a dar y a recibir?
5. No pienses sólo en tu beneficio, las mascotas necesitan muchos cuidados. No seas egoísta y dales el mejor nivel de vida que puedas ofrecerles.

"CUANTO MÁS CONOZCO A LA GENTE, MÁS QUIERO A MI PERRO." DIÓGENES.

38

Haz, nunca te arrepentirás

POR MI TRABAJO Y POR MI VIDA, he conocido a muchos hombres de fe. Tengo amigos sacerdotes y pastores, cada uno de ellos me ha dado grandes lecciones que han cambiado mi vida por completo.

Muchos de ellos han acompañado a algunas personas en los momentos finales de su vida. Cuando pensé en este capítulo, les llamé para preguntarles qué expresa la gente en esos momentos.

Por lo que me han platicado, las personas deciden perdonar a quienes los ofendieron y lastimaron, muchas veces bendicen a su familia y piden perdón por sus faltas cometidas. Pero hay algo que me llamó mucho la atención: pensé que la gente, en su gran mayoría, en sus últimos momentos—, se arrepentiría de sus errores, y sorprendentemente —y creo que esto es muy valioso saberlo—, cuando mucha gente enfrenta a la muerte, se arrepiente más por todo aquello que no hizo.

Cuando intentamos iniciar un proyecto y no lo logramos, sabemos que hicimos nuestro mejor esfuerzo y no sentimos culpa por no lograrlo, sino que capitalizamos el error y obtenemos un aprendizaje. ¿Pero qué sucede cuando el miedo nos detuvo y no intentamos conseguir nuestros sueños? Eso sí es doloroso. En la agonía, lo reclaman casi todas las personas.

Preguntas como éstas son las más duras de contestar al momento de morir: ¿Por qué no me enamoré? ¿Por qué no le dije? ¿Por qué no lo intenté de otra manera? ¿Por qué no hice ese viaje si ya lo tenía todo? ¿Por qué no me atreví? ¿Por qué no lo hice? ¿Por qué me dejé congelar por el miedo? Estamos viviendo, más o menos, la mitad de los años de nuestra existencia, tenemos la oportunidad de resolver esas preguntas pendientes.

¿Qué cosas podrías reclamarte antes de morir? La intención no es que pienses en la muerte como un momento lejano, sino que pienses en tu vida como el momento presente. ¿Hay algún tema pendiente en tu vida? Es muy probable que estés postergando una plática muy importante; también podrías estar posponiendo iniciar un proyecto, o simplemente no quieres enfrentar un problema. ¡Hoy es el tiempo de intentarlo!

Como lo expliqué anteriormente, las personas se arrepienten por todo lo que no hicieron. La vida es muy corta, debemos aprovecharla, disfrutarla, enfrentarla y luchar por tener un lugar en la historia de nuestra propia existencia.

Te platicaré un poco de mi experiencia. Una noche como cualquier otra desperté. Mi primer pensamiento fue: "Me estoy muriendo." ¡Claro que sabía que no me moriría en ese momento! Sabía que era cuestión de años. Pero aunque fuera a vivir un siglo, el tiempo está corriendo rápidamente y tarde o temprano moriré. Esa misma noche descubrí que tenía tantos asuntos pendientes, muchas cosas por realizar, planes, proyectos, sueños… Ese día empezó una nueva parte de mi vida, decidí cambiarme de ciudad e irme a vivir a Monterrey.

No olvides tus sueños, no olvides el amor, la aventura ni la esperanza. Intenta lograr tus objetivos, es mejor morir en el intento, que vivir en la sospecha de lograrlos. Estoy seguro de que conseguirás realizar muchos proyectos, algunos no podrás alcanzarlos, pero te puedo asegurar una vida plena, si al menos lo intentas.

Hemos malentendido el miedo. No es un enemigo que nos intente detener, sino un amigo que nos recuerda el trabajo pendiente. Si tienes miedo de enamorarte, el miedo sólo te señala ese asunto pendiente que deberás enfrentar y tendrás una vida con más sentido. El miedo es un amigo que te invita a vencerlo, no te enfrenta, sólo te muestra tareas inconclusas.

Mientras lees este capítulo, seguro has recordado algunas ideas y compromisos guardados en lo más profundo de tu alma. ¿Qué esperas para sacarlos? ¡Hoy es el día para empezar a vivir! Esos asuntos pendientes los has estado cargando por años. ¡Es tiempo de dejarlos en el pasado! Y la mejor manera es resolviéndolos, llegando a la raíz del problema. La vida es enfrentarse con las situaciones, una forma de morir es evadir.

Me gustaría recordarte que todo lo que has vivido te ha dado la información y la experiencia necesarias para reconocer las mejores oportunidades y evitar los caminos más peligrosos. Si recuerdas, has vivido tanto que es admirable hasta donde has llegado. Quizá pocas personas se hubieran atrevido a luchar las batallas que tu has tenido que enfrentar y es muy probable que algunas personas hayan tirado la toalla a menos de la mitad de todo lo que tú has aprendido. Estás en el mejor momento, porque lo mejor de la vida está por empezar. Es tiempo de que capitalices todos tus errores e inicies con tus grandes aciertos.

Haciendo memoria, algunos de mis conocidos de cuando era niño ya murieron, muchos tuvieron problemas y perdieron el rumbo. Si estamos aquí, es para aprovechar el tiempo; quizá la vida de algunos nos sirvió como ejemplo para descubrir la fragilidad de la existencia. No sé si te guste mucho la pintura, pero el movimiento barroco fue una gran época para este arte. En 1600, cuando tuvo sus mejores años. La pintura barroca también puede ser muy oscura, a veces casi negra, sin colores alegres, todo es negro y da la apariencia de ser triste. En muchas de estas pinturas se pueden ver imágenes de la vida de esa época, pero si buscas con atención, en algún lugar del cuadro descubrirás una calavera, una tumba o un símbolo de muerte. No es que los pintores pretendieran hacer un homenaje al diablo ni mucho menos, sino que es un recordatorio de que en algún momento moriremos.

He escuchado a muchas personas que nos recuerdan que debemos disfrutar la vida, pero la vida es parte de la muerte y viceversa, la muerte es parte de la vida. Cuando estés en tu trabajo, te propongan un negocio y decidas no hacerlo porque tienes miedo, es importante que sepas que estás evitando que viva ese negocio y, por lo tanto, lo estás matando. Cuando tienes la posibilidad de salir de vacaciones y prefieres quedarte por flojera o por comodidad, estás matando la posibilidad de un viaje placentero. Si decides no estudiar por temor al qué dirán o porque te resulta difícil, estás matando un mejor futuro.

Todo el día, y a cualquier hora, tenemos la elección de dejar vivir o de permitir la muerte de nuestros sueños y planes. Cuando por flojera decidimos no ir a trabajar un día, damos un paso a la muerte de nuestros planes a futuro. Esto no lo digo para que te sientas condenado o te sientas culpable, sólo es para que te des cuenta de que hay un número enorme de posibilidades de acción y nosotros elegimos siempre la que nos conviene más.

Así que, en ese sentido, este libro es un poco barroco. Quiero recordarte lo mejor de la vida, pero también recodarte que no siempre estaremos aquí y cuando nos debamos despedir, lo menos que podemos decir es: "Misión cumplida", y no lamentarnos, porque no hicimos ni siquiera, nuestro mejor intento.

1. Cada momento del día elegimos entre la vida y la muerte. Si creamos, elegimos vida, si posponemos, elegimos muerte.
2. Muchas personas le temen a la muerte, pero en realidad le temen más a la vida.
3. Aprovechar nuestro tiempo es un tema de vida o muerte.
4. Te recuerdo que estamos muriendo, aunque la muerte se presente dentro de muchos años, su proceso ya empezó.
5. La muerte debería ser un derecho que sólo pudieran tener las personas que disfrutaron la vida.

"MURIÓ, PERO ANTES DE MORIR YA ESTABA MUERTO." ANÓNIMO.

39

Sorpréndete

M E LLAMA MUCHO LA ATENCIÓN cuando una persona empieza su entrenamiento en un gimnasio. Los primeros días le duele todo el cuerpo, sus movimientos son muy torpes y rígidos; observa a las personas que ya tienen mucho tiempo haciendo ejercicio y admira lo que hacen. Con el paso de los meses, cuando sigue con el entrenamiento, intenta hacer ejercicios más complicados y, por supuesto, lo consigue.

Así es en la vida, muchas veces suponemos que no podemos hacer una tarea, o que no podremos conseguir un sueño, pero si lo intentamos ¡lo logramos! En nuestra mente existe una serie de fronteras que nos impiden desarrollarnos. ¿Cuáles son las tuyas? Por definición, una frontera es una línea imaginaria que divide dos terrenos o países. ¡Son líneas imaginarias! Significa que podemos cruzar sin que nada nos detenga.

Todos los retos que te pongas están más allá de tu alcance actual, por eso mismo son retos. ¡Pero puedes lograrlo! Cuando una persona decide iniciar un camino, el paso más difícil no es el último, sino el primero. Porque, para empezar el camino, primero tuviste que pensar en todas las circunstancias que te rodeaban, en las situaciones inesperadas, en muchos aspectos y factores. Pero cuando decidiste iniciar a caminar, el primer paso lo pensaste muchas veces… ¡Hasta que lo diste! Cuando tenemos claro nuestro destino, ya podemos avanzar, pero el proceso previo puede ser muy lento y aburrido.

Tengo un amigo que es empresario. En una ocasión tenía que viajar a Europa por trabajo y no había nadie que lo acompañara, así que le pidió a uno de sus trabajadores que fuera con él. ¡Se imaginan la oportunidad! Cuando regresaron, platiqué con el trabajador y le pregunté cómo le había ido en el viaje. Su respuesta me entristeció: "Pues Europa está muy limpia, pero no me gustó, sólo hay edificios viejos." ¿Te imaginas ver Europa de esa manera? Entiendo que este hombre no había viajado mucho, pero perderse la oportunidad de recorrer las calles llenas de historia y sólo ver casas viejas, es una desgracia.

Para sorprendernos debemos educarnos más. No es lo mismo ver el Zócalo de la Ciudad de México como un lugar donde hay muchos coches, que recorrer ese mismo lugar, sabiendo que es el centro de nuestro gran país, que en ese lugar hubo luchas, batallas, muertes, triunfos, cambios importantes. ¿Cómo ves el mundo que te rodea? En el centro de la Ciudad de México, podemos encontrar la cuna de la civilización mexica, el origen de muchos cambios que nos han establecido como la nación actual. ¿Qué ves tú?

Lo mismo sucede cuando observamos una pintura de Van Gogh o de Picasso, para algunas personas sólo son garabatos sin sentido, pero la educación, la lectura y la experiencia te permiten disfrutar el arte de estos grandes pintores. Cuando sabes un poco de su vida, comprendes su pintura, sus sentimientos y en ese momento tocan tu alma con sus colores.

Las personas más tristes no se sorprenden. Dejan que las cosas sean, sin disfrutarlas, sin comprender los mejores matices que nos rodean. Pero no sólo la educación y la escuela te brindan estas oportunidades. Abrir los ojos y observar es un gran ejercicio. Deseo que algún día todos pudiéramos ver un ocaso en el bajío de México, los colores en el atardecer queman el cielo, los rojos se funden con los naranjas intensos y el atardecer forma el paisaje hasta que la noche nos sorprende. ¡Nos sorprende de verdad!

En tu trabajo, busca nuevos proyectos, no hagas lo mismo que hiciste el mes pasado. Busca la diferencia en los procesos, en las actividades diarias. ¡Sorpréndete en tu trabajo! Sí es posible. También puedes sorprender a la gente con una actitud nueva, con una nueva acción por emprender.

Prueba nuevas comidas, no pidas la comida de siempre, disfruta las nuevas texturas que te ofrecen en otros lugares. Si es posible ve a Oaxaca y prueba su comida tan exquisita. Pero también puedes disfrutar comida yucateca, hay sabores que no te podría describir. Descubre nuevos chocolates, esto tan sencillo puede sorprender a tu paladar.

Huele las cosas que te rodean. Los aromas ofrecen información, son pocas las personas que le dan un poco de tiempo a su sentido del olfato, un sentido que puede cambiar nuestra experiencia al estar en cualquier lugar. ¿Sabes a qué huele un cacahuate? ¿Sabes a qué huele una flor de calabaza? ¡Sorpréndete!

Si siempre has sido gordito, podrías sorprenderte e iniciar tu entrenamiento en un gimnasio. Si siempre te ha dado mucha flojera leer, podrías empezar a leer un libro cada dos meses, hasta que puedas leer uno o dos por mes. Muchas veces nos encasillamos y sólo es cuestión de escuchar alguna idea que nos pudiera emocionar para que empecemos una serie de acciones que nos harán sentir muy orgullosos. Si eres un creyente poco comprometido, sería una buena idea que vayas más frecuentemente a tu iglesia. Si eres un gruñón empedernido, podrías hacer una llamada amable.

¡Ideas sobran! Incluso sobra la emoción, no me dejarás mentir cuando aseguro que los retos nos alegran. Creo que a nuestra vida le faltan retos, porque si hoy decidieras ir a Rusia el año que entra, estoy seguro de que harías todo lo posible por lograrlo... ¡Y lo lograrías!

¿Qué te gustaría hacer? Te pido que sea algo sorprendente para ti mismo. Algunas mujeres han soñado que algún día podrán volver a usar ese vestido que tienen guardado y que ahora no es posible usar. ¿Y si empezaras a tomar en serio ese vestido?

Sorpréndete haciendo lo que nadie esperaba de ti. Si de niño te dijeron que eras el más burro o el peor para la escuela, podrías sorprenderte y sorprenderlos si volvieras a estudiar, pero con mejores maestros y en un lugar que te haga sentir cómodo. Sorpréndete, si no sabes bailar, ¡ingresa a una academia de baile! ¡Hay tanto por hacer!

También te puedes sorprender y descubrirte cuando das las mismas excusas para no cambiar y es de *sorprenderse* que creas que la gente todavía cree las mentiras que das para no ir a las fiestas y para no aceptar algunas invitaciones.

Sorpréndete, y si todos aseguran que eres una persona impuntual, ¡llega temprano de ahora en adelante! Puedes ir a nuevos espectáculos, ver otros canales de televisión, tener nuevos amigos, comprar pasteles de otros sabores, caminar por otras calles, ir a nuevos restaurantes.

Hay dos antónimos que sorprenden. Uno es "normal" y el otro es "costumbre". Si vives una vida normal, te estás perdiendo de las sorpresas, y si estás lleno de costumbres, de seguro tampoco te llevas muchas sorpresas.

Cuando eras niño todo era nuevo. Abrías los ojos y por primera vez veías el color verde o el rojo; alguna ocasión viste por primera vez la lluvia y fue sorprendente cuando observaste el cielo y conociste la luna. El universo ya estaba cuando naciste y seguirá estando cuando te vayas, en realidad, ya es muy viejo, pero eran tus ojos los que eran nuevos y todo lo veían por primera vez. No dejes que tu corazón se haga viejo, no te acostumbres a la vida, deja que ella te sorprenda a cada instante. ¡Es posible!

Admiro a los niños su capacidad de asombro. Ellos pueden ver un balón y sonreír, pueden ver a sus papás y alegrarse. Nosotros ya estamos tan acostumbrados a todo, que son pocas cosas las que nos hacen vibrar. Pero estoy seguro de que esto puede cambiar. ¡Porque el mundo es enorme!

1. Abre los ojos y observa el primer objeto que tengas frente a ti. ¿Qué pensaría un niño si lo viera por primera vez? Si observas el mundo como lo haría un niño, entonces empezarás a pensar por primera vez.
2. Un día sin sorpresas es un día perdido.
3. Las personas genuinamente felices disfrutan las actividades más sencillas: nadar, correr, caminar, respirar, ver... Si nada de esto te sorprende, es porque hace años que no lo haces.
4. Si todo es normal y nada te sorprende, hazte amigo de un niño.
5. El arte siempre nos sorprende. Cuando tengas frente a ti una obra de arte, no veas el color o las formas, descubre el sentimiento que la generó. El arte siempre será una fuente de sorpresas.

> "LAS MARAVILLAS DEL MUNDO NUNCA SON POCAS, LO QUE SIEMPRE FALTA ES LA CAPACIDAD DE SENTIR Y ADMIRAR." MARIO QUINTANA.

40

Escríbelo tú

ASTA ESTE MOMENTO, te he ofrecido treinta y nueve ideas que beneficiarán tu vida. Todas ellas te ayudarán a mejorar tu situación familiar y sentimental. Pero este capítulo en especial te lo dedico a ti.

Estoy seguro de que has aprendido mucho, tienes grandes experiencias que podrían funcionarnos a todos. Seguramente has vivido experiencias hermosas y algunas duras, pero sigues aquí. ¡Comparte lo que has aprendido! Hay muchas personas que atraviesan momentos complicados y no saben cómo salir adelante. Intenta colaborar con los demás en sus necesidades.

No menosprecies tus experiencias. Tengo una libreta en donde apunto todas las cosas que he aprendido, esa libreta la leo de vez en cuando y escribo las nuevas lecciones que me ha dado la vida. La historia existe para no repetir los errores, así que es muy importante que, al menos una vez al año, revises las clases que te ha dado la vida. Me ha pasado que leo esas lecciones y me doy cuenta de que cometí un error y que ya tenía la información, entonces me reclamo por no haber leído esa hoja más seguido.

Escribe lo más sencillo que has aprendido. En mi lista tengo esta frase: "Siempre contrata a un profesional." No sé si les ha pasado, pero cuando en la casa hay una fuga o un corto, siempre queremos arreglarlo, porque ¡Nosotros lo podemos todo! Y empezamos a arreglar y a la media hora descubrimos que cometimos un error y todo salió peor. Por eso escribí en mi lista que debo contratar a quien sepa hacer las cosas bien y a la primera. Es mucho más barato, más rápido y no tiene efectos secundarios.

En mi lista tengo muchas ideas prácticas que me ayudarán en el futuro. Esa lista se la explicaré a mis hijos cuando tengan la edad suficiente. Esas lecciones que me ha dado la vida me han costado muy caras, la ignorancia siempre es cara, así que debemos capitalizar los errores.

Inicia tu lista de aprendizaje, puedes comentarla con tu esposa y amigos. Éstos son algunos ejemplos de lo que hay en mi lista:

- La vida es como un coctel de frutas. Todo es tuyo, pero elige sólo lo que más te gusta.
- El secreto del éxito comercial es la distribución.
- Escucha y ve directamente a los ojos de quien te habla.
- Nadie te da pesos por tostones.
- No traiciones.
- Respalda la información de tu agenda y la de tu computadora.
- Yo soy más que un problema o una situación.
- Ama.
- Hay personas que hablan, mientras su corazón está callado.
- Todo empieza con una decisión.
- El hombre vale por su congruencia.
- Nunca menosprecies a nadie por su capacidad económica. Los hombres trabajadores siempre terminarán siendo grandes señores.

¿Qué has aprendido? Atesóralo, guarda todas tus experiencias en el corazón.

Y tengo una lista más, pero ésta no la puedo compartir to-davía, pues en ella escribo todos mis sueños, escribo con detalles lo que deseo conseguir. Esta lista está dividida en dos secciones, en una parte de la hoja describo lo más claro posible lo que deseo lograr y, del otro lado, escribo en qué fecha podría conseguirlo. Esta lista me permite ver mis avances reales y descubrir si me falta mucho o poco para lograr mis sueños.

Escribo esta lista porque no quiero olvidar nada, así que tengo definido claramente todo lo que espero conseguir en la vida. Algu-nas veces los sueños se modifican para mejorarlos y, en otras oca-siones, como todos cambiamos, decido eliminar un sueño. Esto no significa que haya desistido, sino que descubrí en el camino que el fin no era tan interesante. También los escribo porque los expertos aseguran que cuando ponemos nuestras ideas en lápiz y papel, se hace un compromiso muy íntimo y personal que nos obliga a realizar lo que pensábamos; no es que sea mágico, sino que ayuda a nuestra memoria y a nuestra mente a enfocarse en un rumbo definido.

Me gustaría mucho que siguieras este consejo, porque trans-formará tu forma de trabajar y de pensar, ya que te permitirá tener los ojos muy alertas para descubrir las posibilidades que tienes a tu alcance.

1. Es el momento de capitalizar todo lo que has aprendido, atesora tus experiencias y enséñales a tus hijos lo que has aprendido.
2. Escribe las grandes lecciones que te da la vida en una libreta especial.
3. En esa misma libreta, escribe tus sueños. Cuando vemos escrito lo que esperamos lograr, se logra un compromiso mucho más intenso en nuestro interior.

4. Nunca menosprecies lo que sabes, porque todo el conocimiento es valioso.

5. Al escribir tus sueños proyectas con fuerza tus deseos, ahora sólo debes hacerlos realidad con pasión, esfuerzo y constancia.

> "CONSIDERO MÁS VALIENTE AL QUE CONQUISTA SUS DESEOS QUE AL QUE CONQUISTA A SUS ENEMIGOS, YA QUE LA VICTORIA MÁS DURA ES LA VICTORIA SOBRE UNO MISMO." ARISTÓTELES.

¿CÓMO SE RELACIONA ESTE LIBRO CONTIGO?

El crecimiento de todos los seres humanos debería ser en todos los sentidos; sin embargo, muchas personas se enfocan en el desarrollo interior o todo su esfuerzo lo concentran en el aspecto económico. Algunas personas podrían tener muchos títulos universitarios, pues sólo se concentraron en su educación, y podrían carecer de herramientas para relacionarse socialmente.

La propuesta de este libro es invitarte a que crezcas en todos los sentidos de tu vida. Una persona emocionalmente sana se desarrolla en todos los aspectos: personal, económico, social, familiar, espiritual y en muchas otras áreas que se han mostrado en el libro y que son muy importantes.

Además, este libro es un recordatorio. Si te has enfocado, por ejemplo, sólo en tu vida familiar, te mostrará otros aspectos que quizá has olvidado y que ahora con estas reflexiones te confirman que tienes el tiempo suficiente para enmendar el error y crecer de manera integral. En la investigación para realizar este libro, escuché a muchas personas de sesenta años o más decir: "Si yo hubiera sabido eso cuando tuve cuarenta años, mi vida sería diferente." Todas las experiencias que están plasmadas en este libro tienen fundamento y están expuestas para que las leas de una manera

POR UNA VIDA PLENA

amigable. Así que la información que te presento es como un adelanto, no tienes que esperar veinte años más para saber qué se te olvidó desarrollar, sino que desde ahora puedes descubrir muchas posibilidades.

Te recomiendo que vuelvas a leer este libro y ahora tengas a la mano una libreta y una pluma, porque está planeado para que sea un espejo de tu personalidad. Al leer las historias que aquí te relato, podrás sentirte identificado y quizá encuentres una tarea pendiente; probablemente, descubras que debes perdonar a alguien o que puedes iniciar un negocio con los recursos que tienes disponibles. Es muy importante que escribas estas ideas, porque después de dos o tres días las olvidarás. En cambio, si las escribiste, nunca se te olvidarán y deseo de corazón que las realices.

¿Algún capítulo te incomodó o te hizo sentir molesto? Esto sucede cuando tenemos algo por trabajar y no queremos hacerlo. Si te molestó, por ejemplo, el capítulo donde te platico de los sueños olvidados, incluso lo recuerdas y te enojas, es porque ese capítulo en especial te hizo recordar que hay muchos proyectos que dejaste en el pasado y que, por alguna razón, no quieres continuarlos. Si tienes un problema con tus padres, hay muchos ejemplos en el libro que a lo mejor te enojaron o que los evadiste al decir: "Eso sería en el caso de Ernesto, pero mis papás son peores o mi caso es diferente." Estas palabras son tan sólo un mecanismo de defensa, sólo pretenden que continúes con la misma rutina e impiden desarrollarte. ¡No caigas en esa tentación! Quizá estás encontrando el camino para que tu vida salga de un lugar donde estuvo detenida por mucho tiempo. Escucha tus pensamientos, pero también siente las emociones que te generó este libro, porque siempre han estado allí aunque no las hayas notado antes. Probablemente estaban dormidas, pero si ahora brotaron, es porque necesitas darles toda tu atención.

Ésta es la razón de que este breve comentario esté justo al final del libro, porque si te hubiéramos dicho lo anterior desde el principio, quizá te hubieras protegido y no le habrías permitido a tu corazón que se expresara con libertad. ¡Te estábamos esperando! Entraste a este ejercicio con el alma expuesta y ahora conoces mucho más de ti. Por fortuna, nadie puede mentirse a sí mismo, así que ya sabes qué puedes hacer y qué debes evitar.

¿Y ahora qué va a suceder? Estás por empezar lo mejor de tu vida, ahora estás a un instante de llegar a la plenitud de todo lo que has aprendido y de todo lo que has desarrollado. Si por miedo o por las heridas del pasado te encerraste en un mundo pequeño de dolor y de soledad, la vida te está esperando, deseamos que este libro sencillo te haya recordado que la vida es como un partido de futbol, quizá estuviste muchos años sentado en la banca, pero el entrenador te está buscando porque es tiempo de que te integres al juego.

Si tienes miedo de volver a amar, no es porque le tienes miedo al amor, le temes al sufrimiento. Así que ama a quien merece que ames y haz las cosas bien, el miedo sólo te recuerda que debes ser más inteligente y más sabio, pero el miedo no pretenderá jamás que huyas del amor, tan sólo te pide que no te equivoques. Si tienes miedo de empezar un nuevo negocio, es lo mismo, le tienes miedo al fracaso. Pero ahora has aprendido mucho, así que el miedo te avisa que debes escoger muy bien a tus socios, que debes invertir más tiempo en planear y en elegir a qué te vas a dedicar.

Si la vida es como un juego de futbol, sería triste que un jugador no volviera a salir al campo después de una lesión. Sabemos que la vida no es fácil, pero tampoco es tan dura como algunas veces creemos. ¡Así que, adelante! Las tragedias y los dolores de tu vida no tienen por qué repetirse, esos hechos son anécdotas del pasado, has aprendido la lección.

Cada palabra escrita en este libro no es de ninguna manera sólo teoría, he caminado algunos trayectos de la vida muy oscuros, muy dolorosos, quizá momentos de soledad y tristeza, pero también sé que los seres humano tienen la oportunidad de vencer todas las situaciones que se les presenten y podemos encontrar un nuevo sentido a nuestras vidas. Yo salí adelante de muchas adversidades y estoy seguro de que tú también lo puedes hacer. Parece una frase armada y muy repetida, pero es cierto. Y lo sé porque también he conocido la felicidad, la alegría, el trabajo duro que nos da mucha satisfacción y todo lo que este mundo tan generoso nos ofrece a todos cada día.

Este libro no puede terminar sin un cuento que de seguro te gustará mucho.

Hace muchos años, en un lejano país, vivías tú y las personas que más amas. Tu historia había estado cargada de momentos muy alegres y de situaciones muy complicadas, pero todo lo que habías experimentado en la vida te demostraba que eras una persona muy fuerte. ¡Claro que muchas veces estuviste a punto de rendirte! ¿Pero dónde se ponen las quejas y dónde se entregan las renuncias en la vida? Así que no tuviste otra opción que seguir viviendo. Después de todo lo que habías atravesado llegó a ti un libro sencillo, el que ahora tienes en tus manos. En este libro descubriste que no eras la única persona que se ha enfrentado a problemas y que hay muchas oportunidades en la vida que te esperan con los brazos abiertos. Entonces, dejaste los pretextos a un lado, te armaste de valor y, al saber que lo mejor de la vida está justo en el siguiente minuto, cerraste el libro, supiste que es maravilloso luchar y vivir por una vida plena y dijiste...

Por una vida plena
Esta obra se terminó de imprimir en Junio de 2014
en los talleres de Impresora Tauro S.A. de C.V.
Plutarco Elías Calles No. 396 Col. Los Reyes.
Delg. Iztacalco C.P. 08620. Tel: 55 90 02 55